Jann Jakobs, Heinz Kleger (Hrsg.)

Dr. Stephanie Bock, Dr. Bettina Reimann

„Mehr Beteiligung wagen" - Evaluation des Modellprojekts „Strukturierte Bürgerbeteiligung"

Abschlussbericht

Herausgeber: Jann Jakobs, Heinz Kleger

Autoren: Dr. Stephanie Bock, Dr. Bettina Reimann (Deutsches Institut für Urbanistik gGmbH)

Landeshauptstadt Potsdam

Fachbereich Kommunikation, Wirtschaft und Beteiligung

Friedrich-Ebert-Straße 79-81

14469 Potsdam

Redaktion: Heinz Kleger, Dieter Jetschmanegg, Daniel Wetzel

1. Auflage, Oktober 2017

Herstellung und Verlag: BoD – Books on Demand, Norderstedt

ISBN: 978-3-744-89033-5

Layout und Satz: medienlabor GmbH, www.agentur-medienlabor.de

Inhaltsverzeichnis

Geleitwort..4

1. Einleitung... 8

2. Strukturierte Bürgerbeteiligung: Ein Blick in Wissenschaft und
    Praxis..11

3. Forschungsansatz und Methodik...................................... 19
    3.1 Bürgerbeteiligung evaluieren: Eine methodische
         Herausforderung..19
    3.2 Evaluationsverständnis und -ziele...............................21
    3.3 Themenschwerpunkte der Evaluation..........................23
    3.4 Methodisches Vorgehen... 24

4. Das Modellprojekt: Entstehung und Bausteine.................27
    4.1 Anlass und Genese.. 27
    4.2 Ziele des Modellprojekts.. 30
    4.3 Die drei Bausteine des Modellprojekts.........................31
         4.3.1 Die WerkStadt für Beteiligung..........................32
         4.3.2 Der Beteiligungsrat... 37
         4.3.3 Die Grundsätze für Bürgerbeteiligung...............41

5. Ergebnisse und Empfehlungen der Evaluation.................43
    5.1 Das Modellvorhaben..44
         5.1.1 Ergebnisse der Evaluation............................... 44
         5.1.2 Empfehlungen zur Weiterentwicklung der Modellvorhabens........ 51
    5.2 Die WerkStadt für Beteiligung.................................... 53
         5.2.1 Ergebnisse der Evaluation...............................53
         5.2.2 Empfehlungen zur Weiterentwicklung der „WerkStadt für
                Beteiligung".. 64
    5.3 Der Beteiligungsrat...67
         5.3.1 Ergebnisse der Evaluation 67
         5.3.2 Empfehlungen zur Weiterentwicklung des „Beteiligungsrats"...... 76
    5.4 Die Grundsätze für Beteiligung für Potsdam....................78
         5.4.1 Ergebnisse der Evaluation................................78
         5.4.2 Empfehlungen zur Weiterentwicklung der „Grundsätze für
                Bürgerbeteiligung in Potsdam".............................. 82

6. Resümee und Ausblick.. 84

Geleitwort der Herausgeber

Jann Jakobs/Heinz Kleger

Die Evaluation der ‚Strukturierten Bürgerbeteiligung 2013 bis 2016' bildete einen eigenen Baustein des Potsdamer Modellprojekts. Sie wurde in einem Auswahlverfahren den beiden Wissenschaftlerinnen vom Deutschen Institut für Urbanistik (DIfU), Stephanie Bock und Bettina Reimann, in Auftrag gegeben. Als vierter Band der Reihe ‚Bürgerbeteiligung – ein Streitfeld zwischen Regierungskunst und Basisaktivierung' liegt nun deren Abschlussbericht vor. Er entspricht dem experimentellen Charakter des Projekts, welches von der Stadt aufgrund seiner positiven Resultate fortgeführt wird. Im Potsdam Museum sind am 6. Dezember 2016 die neuen Mitglieder des Beteiligungsrates ausgelost worden. Der Zuspruch war groß: 426 Potsdamerinnen und Potsdamer (2013 waren es noch 164) haben sich für das ehrenamtliche Gremium beworben, das inzwischen 13 (vorher 9) ausgeloste Bürger/innen umfasst; die ‚Amtszeit' ist zudem von drei auf zwei Jahre verkürzt worden. Die Staffelübergabe fand am 24. Januar 2017 im Treffpunkt Freizeit unter Anwesenheit des Oberbürgermeisters statt. Für die zeitintensive Aufbauarbeit der alten Mitglieder ist an dieser Stelle noch einmal herzlich zu danken, ebenso für die Moderationsarbeit von Frank Baumann.

Die Evaluation erfolgte nicht, wie üblich, im Nachhinein, sondern schon während des Prozesses mit fünf Reflexionsrunden, zahlreichen Interviews und Zwischenauswertungen, die diskutiert worden sind und zu Nachbesserungen geführt haben. Die beiden Wissenschaftlerinnen waren bei allen Sitzungen des Beteiligungsrates anwesend und konnten so die Innenperspektive der Beteiligten kennenlernen; die wissenschaftliche Außenperspektive der Analyse und des Vergleichs kam hinzu. Ein Zwischenbericht lag schon 2014 vor mit einem Ausblick auf das Jahr 2015.

Die Evaluation war begleitend und dialogisch, was alle Teilnehmer zu schätzen wussten. Sie verfolgte einen Ansatz, welcher Theorie und Praxis miteinander verband. Reflexionen konnten so angestoßen werden, die zu verbessertem Handeln führten. Das zum Teil schwierige Zusammenspiel der unterschiedlichen Akteure wurde offengelegt, diskutiert und unterstützt. Die erste große Hürde des anspruchsvollen Probelaufs nicht ohne Zeitdruck ist damit überwunden. Das innovative und mutige Projekt wird insgesamt als gelungen und richtungweisend für eine verbesserte Bürgerbeteiligung gewertet. Schwierigkeiten, die der Evaluationsbericht benennt, bleiben freilich bestehen.

Die Organisationsstruktur einer zweiteiligen ‚Werkstadt der Beteiligung' (internes und externes Büro) in Zusammenarbeit mit dem Beteiligungsrat ist nicht einfach. Eine tragfähige Zusammenarbeit aufzubauen war deshalb schwierig. Der Übergang von einer neuen Struktur der Bürgerbeteiligung zu einer neuen kommunalen Beteiligungskultur wird noch viel Zeit und Geduld beanspruchen. Dabei geht es nicht nur um eine größere Zahl von Beteiligungsprojekten, sondern vor allem um eine qualitativ bessere Bürgerbeteiligung, die verschiedene Verfahren sowie die Verbreitung und Verinnerlichung von Beteiligungsgrundsätzen wie Frühzeitigkeit, Information, Aktivierung, Verbindlichkeit, Zugänglichkeit, Chancengleichheit, Gesprächskultur und Respekt umfasst.

Dafür sind geeignete Strukturen als Möglichkeitsräume und eigene Anstrengungen erforderlich ebenso wie Freiheit nicht nur in der Freiheit der Einzelnen besteht. Damit ist eine städtische Bürgerkommune angezielt, die von der Bürgerschaft als Beteiligungskommune wahrgenommen und genutzt wird. Die Verzahnung der drei Bestandteile wird dafür entscheidend sein. Bisher zeigt die Innenperspektive der beteiligten Akteure eine positive, aber keine überschwängliche Einschätzung. Probleme der Transparenz, der Kompetenz, der Zeit und des Informationsflusses werden im vorliegenden Bericht genannt.

Die trialogische Diskussionsfähigkeit und Kompetenz zwischen Politik, Verwaltung und Bürgern ist einzuüben: Die Bereiche leben in verschiedenen Welten und sprechen unterschiedliche Sprachen. Eine Dominanz der Professionellen darf dabei nicht aufkommen. Die Gesamteinschätzung, dass das Modellprojekt für eine Neuausrichtung der Bürgerbeteiligung etwas bewegt hat, wird jedoch von allen geteilt. Die Verwaltung nimmt die Werkstatt für Beteiligung als Kompetenzzentrum wahr, welches insbesondere bei schwierigen Beteiligungsprojekten weiterhilft; sie hat ihre Ängste weitgehend abgebaut.

Der externe Teil der Werkstatt möchte die zivilgesellschaftlichen Akteure noch stärker unterstützen und das gesamte Projekt in Richtung der verschiedenen Stadtteile und ihrer Probleme ausbauen (Basisaktivierung und Regierungskunst). Dabei ist darauf zu achten, dass man sich nicht übernimmt, denn die Arbeitsbelastung der Werkstatt ist jetzt schon hoch. Dies gilt auch für den ehrenamtlichen Beteiligungsrat, welcher in der Aufbauphase als konstruktiver Ratgeber fungierte. Die synchrone Verbindung zwischen diesen Arbeitsbereichen darf nicht reißen, vor allem in der Wahrnehmung der Bürger/Innen nicht; ansonsten bewegen wir uns allein in Richtung Regierungskunst ohne Basisaktivierung.

Das Verhältnis der drei Bausteine zueinander ist mithin noch zu verbessern. Der Evaluationsbericht empfiehlt, dass das externe Büro die Aktivierung von Gruppen, die für die Verwaltung nur schwer erreichbar sind, ausbauen soll. Das interne Büro soll zudem für die weitere Standardisierung der Bürgerbeteiligung federführend werden. Und der Beteiligungsrat soll sich auf die Begleitung von Beteiligungsprozessen konzentrieren, was wahrscheinlich nur sehr selektiv erfolgen kann. Die Prioritätensetzung, die sich daraus ergibt, und die Professionalisierung (auch) der Bürgerbeteiligung sowie der hohe Verbalisierungsgrad dieser Art der Beteiligung wird ein zeitliches, sachliches und soziales Problem bleiben. Damit wird man sich immer wieder auseinandersetzen müssen. Der kontinuierliche Arbeitsmodus darf jedenfalls in Zukunft nicht durch Überlastung und überhöhte Erwartungen gefährdet sein.

Die kritisch-konstruktive Arbeit des Beteiligungsrates wird für die professionelle Seite der Werkstatt unerlässlich bleiben, wie diese umgekehrt ihre praktisch notwendige Prioritätensetzung mit dem Beteiligungsrat künftig absprechen muss. Wünschenswert wäre darüber hinaus, dass die Kommunalpolitik die strukturierte Bürgerbeteiligung, die sie mit großer Mehrheit in der Stadtverordnetenversammlung beschlossen hat, stärker beachtet, wie sie überhaupt in der städtischen Öffentlichkeit noch größere Kreise ziehen muss. Deshalb wäre auch über neue Formate der Einbindung der Stadtteile und der Kommunalpolitik nachzudenken. Die Bürgerkommune als Beteiligungskommune bleibt ein Weg, der vielfältige Anstrengungen von verschiedenen Seiten erfordert. Der erste wichtige Schritt zur Etablierung einer neu strukturierten Bürgerbeteiligung ist anfangs 2017 getan und das ist sehr erfreulich.

1. Einleitung

Die aktuellen Überlegungen und Diskussionen um eine veränderte (Bürger-) Beteiligung knüpfen – nicht erst seit „Stuttgart 21" – an Defizite der bisherigen Beteiligungspraxis an. Die Stadtgesellschaft fordert andere Formen und neue Qualitäten der Beteiligung und Planung, in denen ihre Wünsche und Vorstellungen stärker Eingang finden. Gleichzeitig sieht sich die Verwaltung, die nicht selten über langjährige Erfahrungen mit Bürgerbeteiligung verfügt, mit Forderungen konfrontiert, die vor allem in Hinblick auf vorhandene Ressourcen und Kompetenzen kaum erfüllbar scheinen. Schließlich reagieren Kommunalpolitikerinnen und -politiker zunehmend verunsichert auf den Anspruch nach mehr Mitgestaltung und Mitentscheidung. Enttäuschung, Unzufriedenheit, Angst, Unsicherheit und Unverständnis sind nur einige der Gefühlslagen, die das Thema Bürgerbeteiligung begleiten. Dabei ist in den letzten Jahren viel in Bewegung gekommen. So ist nicht nur die Zahl der Veröffentlichungen kaum noch zu überblicken, Veranstaltungen laden beinahe wöchentlich zur Diskussion über Beteiligungsformen, -ziele und grenzen ein und die Fortbildungsangebote rund um das Thema Bürgerbeteiligung sind unüberschaubar geworden. Auch ganz konkret vor Ort in den Städten und Gemeinden sind Veränderungen zu beobachten. Vielerorts werden neue Wege der Kommunikation und Beteiligung erprobt, die auf der Grundlage einer veränderten Haltung zu transparenter Information, Kommunikation auf Augenhöhe und verbindlichen Spielregeln in eine veränderte Beteiligungskultur münden sollen und Bürgerbeteiligung als „strukturierte Beteiligung" konzipieren und umsetzen.

Dabei zeigt sich, dass diese neue Dynamik der Bürgerbeteiligung und der Aufbau einer Beteiligungskultur – sofern sie ernst genommen wird – erhebliche Konsequenzen für die Städte und Gemeinden haben, und zwar nicht nur in Hinblick auf ihr Handeln nach außen, also die Konzeption und Organisation von Beteiligungsprozessen, sondern auch für ihr Handeln nach innen. Ein integriertes Vorgehen der Verwaltung, das eine intensive Kommunikation innerhalb und zwischen den einzelnen Fachbereichen voraussetzt, ist notwendige Grundlage für eine nachhaltige Beteiligungskultur, die über einzelne Beteiligungsprojekte hinausgeht und Kommunikation und Bürgerbeteiligung als übergreifenden Prozess definiert und konzipiert. Nicht Konkurrenz und individuelle bzw. einseitige Profilierung, sondern die gemeinsame Definition und Festlegung von Schnittstellen und Spielregeln sind unabdingbare Grundlagen für zukunftsweisende kommunale Partizipationsansätze. Auf der Basis eines gemeinsamen Verständnisses und einer gemeinsamen Haltung zur Beteiligung beinhaltet Beteiligungskultur somit auch die Organisation der „Beteiligung zur Beteiligung".

Eine so verstandene Beteiligungskultur erfordert von den beteiligten Akteuren, insbesondere von Stadtverwaltung, Kommunalpolitik und Bürger/innen bzw. der Zivilgesellschaft, eine Reflexion der eigenen Rollen und eine Neuausrichtung ihres Zusammenspiels – nicht zuletzt, um Dialoge und Trialoge auf Augenhöhe zu ermöglichen. Für die Umsetzung dieser anspruchsvollen Aufgabe gibt es kein fertiges Konzept, keine Blaupause, die kopiert werden kann. Für alle Beteiligten ist es deshalb auch ein Lernprozess. Einige Städte und Gemeinden haben mittlerweile begonnen, eine entsprechend definierte Beteiligungskultur auf den Weg zu bringen. Sie sammeln erste Erfahrungen mit neuen Organisationsstrukturen, Aufgabenbeschreibungen, Spielregeln, Verbindlichkeiten und Beteiligungsformaten. Da diese Prozesse noch nicht abgeschlossen sind, sind auch die bisher vorliegenden möglicherweise übertragbaren Erfahrungen noch gering, so dass jede Stadt mit dem Aufbau einer Beteiligungskultur ein eigenes Experiment wagt.

Die Landeshauptstadt Potsdam hat 2010 – unter Federführung von Oberbürgermeister Jann Jakobs – damit begonnen, das Thema Bürgerbeteiligung neu anzugehen. Dem Thema Bürgerbeteiligung sollte eine stärkere Struktur und Verbindlichkeit gegeben werden (vgl. Jetschmanegg 2013). Im September 2011 wurde ein erstes Konzept zur strukturellen Verankerung von Bürgerbeteiligung der Öffentlichkeit vorgestellt – und scheiterte. Kritisiert wurde die fehlende Mitwirkung der Bürgerschaft. Daraufhin erarbeiteten Verwaltung, Politik und Bürgerschaft in einem längeren Prozess ein neues Konzept, das mehr Bürgerbeteiligung zum Nutzen der Bürger/innen, aber auch zum Nutzen der Verwaltung ermöglichen sollte. Unter der Maßgabe „Mehr Beteiligung wagen!" (Jakobs 2013; S. 5) wurde das Modellprojekt „Strukturierte Bürgerbeteiligung" entwickelt, das sich im Kern aus der „WerkStadt für Beteiligung", bestehend aus einem internen (Stadtverwaltung) und einem externem Teil (freier Träger), und dem „Beteiligungsrat" zusammensetzt. Im Beteiligungsrat arbeiten 15 Personen aus der Bürgerschaft, der Kommunalpolitik, der Verwaltung und ein wissenschaftlicher Experte zusammen. Der Beteiligungsrat berät die WerkStadt für Beteiligung und unterstützt sie bei der konzeptionellen Weiterentwicklung der Bürgerbeteiligung in Potsdam. In ihrem Grundverständnis und ihrer Arbeit orientieren sich alle am Modellprojekt beteiligten Akteure an den zuvor partizipativ erarbeiteten Grundsätzen der Bürgerbeteiligung in Potsdam: Verbindlichkeit, frühzeitige Einbeziehung, Informationsbereitstellung, Kommunikation, Aktivierung, Anerkennungskultur, Gleichbehandlung.

Das Konzept wurde am 12. September 2012 von der Stadtverordnetenversammlung beschlossen. Die WerkStadt nahm zum 1. November 2013 ihre zunächst auf drei Jahre angelegte Arbeit auf. Mit diesem Modellprojekt betrat die Landeshauptstadt Potsdam Neuland. Das Modellprojekt ist ein Experiment; einen vergleichbaren Ansatz gibt es bislang in keiner anderen Stadt oder Gemeinde in Deutschland. Für die wissenschaftliche Begleitung des Modellprojektes sowie dessen Evaluierung beauftragte die Landeshauptstadt Potsdam, Fachbereich Kommunikation, Wirtschaft und Beteiligung, das Deutsche Institut für Urbanistik (Difu) mit einer prozessbegleitenden Evaluation, nicht zuletzt um sicherzustellen, dass unabhängig vom konkreten Erfolg einzelner Elemente oder des ganzen Projektes alle am Projekt beteiligten Akteure aus dem Prozess lernen. In einem dialogischen Forschungsprozess sollten die Ziele des Modellprojekts auf ihre Umsetzung und Zielerreichung hin überprüft und Handlungsempfehlungen zur Weiterführung des Modellprojekts abgeleitet werden. Auch mit der Evaluation des Modellprojekts wurde Neuland betreten. Denn bisher liegen kaum empirisch fundierte Kenntnisse darüber vor, welche konkreten und nachhaltigen Wirkungen mit dem Bekenntnis zu einer veränderten Bürgerbeteiligung verbunden sind. Zudem sind begleitende Evaluationen noch eine seltene Ausnahme. Danken möchten wir deshalb an dieser Stelle allen Beteiligten, die diese Evaluation durch ihre Mitwirkung unterstützt und sich gemeinsam mit den Evaluatorinnen auf einen intensiven Diskussions- und Lernprozess eingelassen haben.

Der vorliegende Bericht umfasst die Ergebnisse der Evaluation. Im Folgenden wird zunächst eine Übersicht gegeben über den Diskussionsstand und die Praxiserfahrungen zu strukturierten Formen der kommunalen Bürgerbeteiligung (Kapitel 2). Daran anschließend werden der Forschungsansatz und die Methodik der Evaluation erläutert (Kapitel 3). An die Beschreibung des Modellvorhabens (Kapitel 4) schließen sich die Darstellung der Ergebnisse sowie der daraus gewonnenen Schlussfolgerungen und Handlungsempfehlungen an (Kapitel 5). Abschließend wird ein Resümee gezogen (Kapitel 6).

2. Strukturierte Bürgerbeteiligung: Ein Blick in Wissenschaft und Praxis

Die Entwicklung und Umsetzung einer strukturierten Form von Bürgerbeteiligung wissenschaftlich zu begleiten, zu analysieren und zu bewerten, setzt eine Einordnung des Modellvorhabens in die vorhandene Praxis der kommunalen Bürgerbeteiligung und in bereits vorliegende Forschungsergebnisse voraus. Im Folgenden werden zunächst in einem knappen Überblick Erkenntnisse aus Wissenschaft und Praxis zu Formen der strukturierten Beteiligung in den Städten und Gemeinden vorgestellt.

Von Inseln der Beteiligung zur Beteiligungskultur

Die Geschichte der Bürgerbeteiligung in den Kommunen ist bewegt und lang, sie soll an dieser Stelle nicht ausführlich dargestellt werden. Festgehalten werden kann, dass Bürgerbeteiligung an Projekten und Prozessen der Stadt- und Gemeindeentwicklung seit vielen Jahren umgesetzt wird und langjährige Erfahrungen vorliegen. Nicht nur im Rahmen formeller, d.h. gesetzlich veranker- ter und vorgeschriebener Beteiligung, sondern auch und gerade in der breiten Palette freiwilliger und informeller Verfahren werden Beteiligungsmöglichkeiten angeboten. Frühzeitige Beteiligung, kreativer Methodeneinsatz und transparente Planungsprozesse sind projektbezogen mehr oder weniger Standard, insbeson- dere bei Entwicklungs- und Beteiligungsprozessen im Quartier (vgl. Deutsches Institut für Urbanistik 2007; 2003; 2002). Beteiligung ist selbstverständlicher Bestandteil der verschiedenen Planungsverfahren; Dialoge zu Konzepten und Leitbildern stehen vielerorts auf der Tagesordnung und in zahlreichen Städten wird die Erarbeitung integrierter Stadtentwicklungskonzepte von intensiven Partizipationsprozesse begleitet. Informelle Methoden wie Zukunftswerkstätten, Workshops oder Planungszellen gehören zu einem „guten" Planungsprozess und dienen der Vorbereitung weitreichender und strategischer Entscheidungen – insbesondere über für die Stadtentwicklung bedeutsame Projekte. Kommunale Erfahrungen mit Bürgerinformation und Bürgerbeteiligung liegen entsprechend vielfältig und fundiert vor.[1]

---

1 Zahlreiche Beispiele finden sich unter www.netzwerk-buergerbeteiligung.de; www.bu ergergesellschaft.de; www.mitarbeit.de). Weitere Beispiele finden sich unter Städteb auförderung und dem Programm Soziale Stadt (http://www.staedtebaufoerderung.info/

Aber selbst „in Städten, die seit Jahren für ihre Best Practices bekannt sind, findet sich das Phänomen der auf (zeitliche, sachliche, räumliche, institutionelle und personelle) „Inseln" begrenzten Teilhabepraxis. Daran haben auch die umfassenden Bemühungen um Verwaltungsmodernisierung und Bürgerorientierung nichts Wesentliches ändern können" (Selle 2007; S. 66). Die durchaus engagierten und guten Aktivitäten einzelner Verwaltungsressorts werden nur selten verwaltungsübergreifend abgestimmt und koordiniert, so dass die Ansätze bislang zumeist unverbunden nebeneinanderstehen und auch nicht immer den relevanten Fachabteilungen bekannt sind (vgl. Beckmann et.al. 2013; Bock et.al. 2013). Bürger/innen machen die Erfahrung, dass „ihre Stadt" selten mit einer Stimme spricht, dass eine Abteilung oft nicht weiß, was die andere macht und dass die Suche nach dem richtigen Ansprechpartner oder der Zuständigen innerhalb der Kommunalverwaltung kompliziert ist. Was in einem Beteiligungsprozess durchaus gute und selbstverständliche Praxis sein kann, muss in einem anderen oft mühsam erstritten werden, während zu einem weiteren Vorhaben beispielsweise gar keine Beteiligung vorgesehen ist. Beteiligung gleicht in vielen Städten einem bunten, beinahe zufällig zusammengesetzten Mosaik, in dem Wegweiser fehlen und der Überblick nur schwer herzustellen ist. Von einer umfassenden guten Praxis und einer bundesweit verbreiteten neuen Beteiligungskultur kann, so auch die Ergebnisse einer Untersuchung des Difu (vgl. Bock et.al. 2013), deshalb – zumindest bisher – nicht gesprochen werden.

Die Beteiligungspraxis in einzelnen Projekten beantwortet die Forderungen der engagierten Stadtgesellschaft nach transparenter und verbindlicher Mitsprache und -gestaltung nur unzureichend. Die Rufe nach mehr Mitwirkung und einer grundlegenderen Veränderung der Beteiligung können, so zeigen es aktuelle Studien, nicht alleine mit einem erweiterten und verbesserten Angebot an erprobten projektbezogenen Beteiligungsformaten, mit weiteren Einladungen zu Dialog und Austausch sowie mit den zahlreich erschienenen Handreichungen und Leitfäden gelöst werden (vgl. u.a. Bertelsmann-Stiftung 2008a; 2008b; Senatsverwaltung für Stadtentwicklung Berlin 2012; Stadt Filderstadt o.J.; Stadt Regensburg o.J.). Die Welle des Unmutes, die steigende Unzufriedenheit, aber auch die Abkehr von Mitwirkungsangeboten und das wachsende Desinteresse werden ohne eine tiefergehende kritische Auseinandersetzung mit den bewährten Formen der Mitwirkung und ihrer Weiterentwicklung nicht abebben. Forderungen nach frühzeitiger und umfassender Information und Einbindung, nach niedrigschwelligen und interaktiven Beteiligungsformaten gehen mit dem Anspruch an eine ergebnisoffene Beteiligung und Planungspraxis einher. Beteiligung soll Räume eröffnen

StBauF/DE/Programm/SozialeStadt/Praxis/).

für die Entwicklung von Lösungen und Entscheidungsmöglichkeiten zwischen unterschiedlichen Handlungsalternativen. Wenn dies nicht der Fall ist, Planungen bereits feststehen und einmal getroffene Entscheidungen nicht mehr revidierbar sind, reagieren die Akteure der Stadtgesellschaft zunehmend kritisch auf vermeintliche Beteiligungsangebote. Das Diskussionsklima wird angespannter, Kommunikationsblockaden entstehen und die Zahl der Konflikt behafteten Projekte wächst. Nur substanziellere Veränderungen in der Kommunikation und den Möglichkeiten der Mitwirkung werden diese verfahrene Situation auflösen können.

Politikverdrossenheit bei gleichzeitigem Interesse an der Mitwirkung: zwei Seiten kommunaler Beteiligung

Repräsentativ angelegte Studien zeigen, dass eine große Mehrheit der deutschen Bevölkerung (81 Prozent) sich mehr Beteiligungs- und Mitsprachemöglichkeiten im politischen Prozess wünscht. 60 Prozent der Befragten sind bereit, in Form von Bürgerbegehren, Diskussionsforen oder Anhörungen aktiv an der Entscheidungsfindung mitzuwirken (vgl. Bertelsmann Stiftung 2011). Allerdings erklärt nur jeder Zehnte, bereits an solchen direkten Verfahren teilgenommen zu haben. Ausgeprägt ist das Interesse der Bürgerschaft an großen Infrastrukturmaßnahmen wie etwa Bauprojekten: 68 Prozent der Bürger würden bei derartigen Projekten gern mitentscheiden. Der erklärte Wunsch und das Interesse von Bürger/innen, sich stärker in die lokalen Politik- und Planungsprozesse einbringen zu wollen, scheint somit nicht ganz zu dem gleichzeitig beobachteten Rückgang der Wahlbeteiligung und dem sinkenden Interesse an einer Mitarbeit in politischen Parteien – beides diskutiert unter der Überschrift der Politikverdrossenheit – zu passen. Erkennbar ist ein (vermeintlicher) Widerspruch zwischen der wachsenden Unzufriedenheit der Bürger/innen mit den etablierten Formen politischer Teilhabe auf der einen Seite und, auf der andern Seite, einer verstärkten Bereitschaft der Menschen, sich für die eigene Nachbarschaft und die eigene Stadt einzusetzen und für konkrete Projekte zu kämpfen.

Strukturierte Bürgerbeteiligung: Ansätze und Formen

Wirft man einen etwas genaueren Blick in die aktuellen Veröffentlichungen zum Thema kommunale Bürgerbeteiligung und betrachtet zudem die weitgefächerte Beteiligungspraxis vor Ort, werden nicht nur deutliche Unterschiede zwischen den Ansätzen und Intensionen der jeweiligen Beteiligung sichtbar, sondern es zeigt sich auch, dass mit dem – auch in Potsdam gewählten – Begriff der strukturierte Bürgerbeteiligung an eine aktuelle Diskussion zur Erneuerung von Partizipation angeknüpft wird. Strukturierte Bürgerbeteiligung soll die bisherige Praxis der „Inseln guter Beteiligung" in den Kommunen um einen systematisierenden Ansatz erweitern. Mit diesem Ansatz soll gleichzeitig die beobachtbare Distanz vieler Menschen zum Handeln von Kommunalverwaltung und -politik aufgegriffen und zu einer neuen Kommunikation eingeladen werden.

Im Folgenden sollen diese Ansätze und Kriterien strukturierter Beteiligung skizziert werden, um den Ansatz der „Strukturierten Bürgerbeteiligung in Potsdam" in den weiteren Ausführungen einordnen zu können.

Mit der Bezeichnung „Strukturierte Bürgerbeteiligung" wird für die Potsdamer Bürgerbeteiligung hervorgehoben, dass es sich nicht um ein einzelnes Projekt handelt, sondern um eine breiter und strukturiert angelegte Maßnahme. Strukturiert lässt an Regeln, Konzepte, Systeme und Organisation denken. Strukturierte Bürgerbeteiligung ist durch diese Ergänzung mehr als die Addition von (guten) Beteiligungsprojekten und verweist auf einen systematischen Aufbau und eine verbindliche Struktur der Bürgerbeteiligung in einer Stadt als Ganzes. Damit steht der Potsdamer Ansatz in einer direkten Verbindung zu einer Reihe anderer aktueller Formen der Beteiligung, die unter Begriffen wie Kommunale Leitlinien Bürgerbeteiligung (vgl. Fuhrmann, Brunn 2016), institutionalisierte Bürgerbeteiligung (Wiesemann 2016), systematische Bürgerbeteiligung (Klages 2015) oder Beteiligungskultur (Beckmann et.al. 2013; Bock/Beckmann 2012; Reimann 2012; Roth 2016) firmieren. Allen gemeinsam sind Überlegungen zur Systematisierung bzw. Institutionalisierung und zur Verstetigung von Bürgerbeteiligung auf kommunaler Ebene.

Auf der Internetseite des Netzwerks Bürgerbeteiligung[2] sind derzeit rund 50 Kommunen aufgelistet, die Regelungen zur Stärkung der kommunalen Bürgerbeteiligung erarbeiten oder bereits erarbeitet haben. Auf der Internetseite des Netzwerks Bürgerbeteiligung sind derzeit rund 50 Kommunen aufgelistet, die Regelungen zur Stärkung der kommunalen Bürgerbeteiligung erarbeiten oder bereits erarbeitet haben (vgl. Stiftung Mitarbeit 2010)[3]. Das Spektrum reicht von Großstädten wie Essen und Köln über Mittelstädte wie Gießen und Jena bis hin zu Kleinstädten und kleinen Gemeinden. In allen Kommunen werden über konkrete Beteiligungsprojekte hinausgehende Spielregeln vereinbart und umgesetzt. Auch der Deutsche Städtetag empfiehlt den Kommunen, sich mit der

---

2   *http://www.netzwerk-buergerbeteiligung.de/kommunale-leitlinien-buergerbeteiligung*

3   *Stiftung Mitarbeit (2016): Kartenansicht der "Leitlinienkommunen", http://www.netzwerk-buergerbeteiligung.de/kommunale-beteiligungspolitik-gestalten/kommunale-leitlinien-buergerbeteiligung/sammlung-kommunale-leitlinien/karte-leitlinienkommunen/*

lokalen Beteiligungs- und Planungskultur systematisch zu befassen, Leitlinien zu erarbeiten und kommunalen Satzungen zu beschließen (DST 2013).

Unter Leitlinien wird dabei oft sehrt unterschiedliches verstanden (vgl. Fuhrmann, Brunn 2016). Auch der Umfang und die Körnigkeit der Leitlinien oder Grundsätze fallen sehr unterschiedlich aus. In einigen Kommunen sind sie sprachlich knapp formuliert und umfassen sehr wenige Seiten (u.a. Essen, Potsdam), in anderen sind es textintensive Veröffentlichungen mit bis zu einhundert Seiten (u.a. Bonn, Darmstadt, Heidelberg). Auch die Themen, die angesprochen werden, variieren deutlich und reichen von Qualitätskriterien guter Beteiligung bis zu konkreten Verfahrensregelungen.

So vielfältig diese kommunalen Ansätze zunächst erscheinen, lassen sich doch gemeinsame Bausteine erkennen. Voraussetzung ist der Entschluss einer Kommune, „das Steuer der Bürgerbeteiligung deutlicher als bisher in die eigene Hand zu nehmen und hierbei über die bisherigen unbefriedigenden Ansätze hinauszugelangen" (Klages 2015, S. 2). Bürgerbeteiligung wird als ein gesamtstädtisches Thema begriffen und baut im Idealfall auf der Basis eines Grundsatzbeschlusses auf, der die Aktivitäten aller städtischen Ämter und Themen umfasst. „Die Kommune wird – was die Bürgerbeteiligung anbelangt – zwar keineswegs zum alleinigen Akteur, nichtsdestoweniger aber zur rahmensetzenden, organisierenden und koordinierenden Instanz" (Klages 2015, S.2).

Kennzeichen der Ansätze einer strukturierten Bürgerbeteiligung sind in den bisher aktiven Kommunen neben den Leitlinien bzw. Grundsätzen vor allem die folgenden Bausteine:

* Transparentes Informationsangebot
  Eine zentrale Informationsplattform informiert fortlaufend und aktuell über Beteiligungsprojekte. Im diesem Zusammenhang wird in einigen Kommunen eine Vorhabenliste veröffentlicht und fortgeschrieben. Sichergestellt werden soll auf diesem Wege ein möglichst frühzeitiges und umfassendes Informationsangebot über alle in der Kommune anliegenden Planungen und Vorhaben, für die Bürgerbeteiligung vorgesehen ist, mit einem möglichst unbeschränkten, für grundsätzlich alle Bürger/innen offenen Zugang.

* Organisationseinheit Bürgerbeteiligung
  Aufgebaut wird eine konsultativ tätige für Bürgerbeteiligung zuständige Beratungseinrichtung, z.B. als Stabsstelle, als Büro oder in Person einer Partizipationsbeauftragten.

- Leitlinien zur Bürgerbeteiligung
  Fachbereichsübergreifende Leitlinien (Richtlinien, Konzepte etc.), die Gestaltungsprinzipien mit Verbindlichkeitsanspruch enthalten, legen die Abläufe und Zuständigkeiten zur Durchführung von Bürgerbeteiligung innerhalb der Verwaltung fest. Eine besondere Aufmerksamkeit kommt der Verbindlichkeit der Beteiligung zu. In den Leitlinien werden insbesondere „Spielregeln" zur Mitsprache und für Initiativrechte, Entscheidungsregeln für die Durchführung von Beteiligung und Regeln zum Umgang mit den Beteiligungsergebnissen formuliert. In einigen Kommunen werden die Leitlinien auch als kommunale Satzung verabschiedet.

- Trialog
  Als Trialog bezeichnen einige Städte und Gemeinden das Verfahren, die Leitlinien für Bürgerbeteiligung in einem Beteiligungsprozess zu erarbeiten, an dem drei Akteursgruppen beteiligt sind: Politik, Verwaltung und Bürgerschaft (Zivilgesellschaft). In einer wachsenden Zahl von LeitbildKommunen werden in dialogorientierten Verfahren, Bürger/innen und Entscheidungsträger aus Verwaltung und Politik frühzeitig zusammengebracht, um gemeinsam zu beraten. Diese Form der Beteiligung firmiert in neueren Veröffentlichungen auch unter dem Begriff der „Dialogorientierten Beteiligung" (vgl. Nanz/Fritsche 2012; Richter et. al. 2016; Weißeno 2010). Das gesamtheitliche und prozesshafte Miteinander von Bürger/innen, Politiker/innen und Verwaltungsmitarbeiter/innen soll durch die Berücksichtigung und das Zusammenführen der wesentlichen Interessen aller drei Gruppen im gegenseitigen Vertrauen zu einer „Win – Win –Win – Situation" führen. Bürger/innen sind an den Trialogen jedoch in unterschiedlicher Weise beteiligt. Während in Heidelberg eher so genannte Beteiligungsprofis (organisierte Bürger/innen und Multiplikatoren) in den trialogisch besetzten Gremien mitwirken, werden beispielsweise in Köln in Bürgerinitiativen organisierte Bürger/innen und nichtorganisierte Bürger/innen, die per Zufallsverfahren (Los) ausgewählt wurden, gleichermaßen eingebunden.

- Beteiligungsräte
  Bislang werden im Rahmen von Beteiligungs- und Leitbildprozessen sogenannte Bürger- und/ oder Beteiligungsräte, die der Stimmer der Menschen vor Ort ein durchaus stärkeres Gewicht geben können, eher selten geründet. Beteiligungsräte sind ein Beispiel dafür, wie eine partizipative Demokratie mehr Verbindlichkeit und (politische) Akzeptanz erlangen kann (Lederer 2013; Lederer o.J.; Büro für Zukunftsfragen 2014). Durch die partizipative

Demokratie, wie sie beispielhaft im österreichischen Voralberg in der Landes-
verfassung verankert wurde, wurde eine rechtliche Grundlage geschaffen,
um die repräsentative Demokratie durch partizipative Elemente zu ergänzen.
Hierbei stellte sich der dortige Bürgerrat als vielversprechende Methode der
partizipativen Demokratie heraus (Lederer 2013). „Im Rahmen von Bürger-
räten wie sie in der Vergangenheit auf Initiative oder mit Unterstützung des
Landes schon erfolgreich stattgefunden haben, besteht unter Teilnahme von
nach dem Zufallsprinzip (unter Beachtung der Diversität) ausgewählten Personen die Möglichkeit, allgemeine oder konkretere Themen (insbesondere
der Gesetzgebung und der Verwaltung) in einem gut strukturierten Prozess
zu erörtern und die einschlägigen staatlichen Entscheidungsträger/innen zu
beraten" (Lederer 2013). Zur Steigerung der Verbindlichkeit, der Stärkung
des Instruments sowie zur Definition von Qualitätskriterien wurde eine Richtli-
nie erarbeitet, die die Einberufung und Durchführung eines Bürgerrats sowie
darüber hinausgehende Folgeprozesse durch die Landesregierung regelt.
Aber auch in anderen Städten werden im Rahmen der Leitlinienprozesse zur
Bürgerbeteiligung Beteiligungs- oder Bürgerräte gegründet. Hierzu liegen
bisher aber keine weitergehenden Studien vor.

In den aktiven Städten und Gemeinden stehen darüber hinaus Themen wie das
Einräumen von Initiativrechten für Bürgerbeteiligung und begleitende Evaluationen auf der Agenda der Leitlinienprozesse.

Kommunen, die Leitlinien oder Grundsätze zur Bürgerbeteiligung verabschiedet
haben, liegen deutlich häufiger im Westen und Süden und entsprechend selten
im Osten und Norden Deutschlands (Fuhrmann/Brunn 2016, S. 2f.). Potsdam ist
die einzige Kommune in Brandenburg und eine der wenigen in Ostdeutschland,
die diesen Weg beschreiten.

Zielgruppen der Beteiligung

In der kommunalen Praxis sowie der Partizipationsforschung ist hinlänglich
bekannt, dass Beteiligungsverfahren häufig sozial selektiv sind, das heißt, das
Spektrum der Beteiligten ist – mit Blick auf die Breite der gesellschaftlichen
Gruppen und Personen – nicht repräsentativ. „Politische Beteiligung steigt mit
der Verfügbarkeit über Bildung, Einkommen und Kompetenzen" (Böhnke 2011,
S. 20). Über besondere Auswahl- und Rekrutierungsverfahren wird daher ver-
sucht darauf hinzuwirken, dass sich der Kreis der Beteiligten über „die üblichen
Verdächtigen" (die Beteiligungsprofis) hinaus ausdehnt. Argumentiert wird,

dass eine möglichst repräsentative Auswahl der Teilnehmenden, z.B. durch Zufallsauswahl, am ehesten gewährleistet, dass in Beteiligungsverfahren die verschiedenen Interessen und Meinungen berücksichtigt werden (vgl. Thewes et. al. 2014).

Hiermit im Zusammenhang steht die breite Debatte über die Aktivierung der unterschiedlichen Bevölkerungsgruppen, die bereits zu vielfältigen Veränderungen in der Beteiligungspraxis führte (vgl. Böhme/Franke 2011; Difu 2002; 2003; 2007; Strunk 2014). Vor allem niedrigschwellige Methoden und Beteiligungsverfahren sollen – mehr oder weniger erfolgreich – darauf hinwirken, jene Bevölkerungsgruppen anzusprechen, zu aktivieren und zu beteiligen, die mit den gängigen Ansprache- und Beteiligungsstrategien bisher nicht oder nur eingeschränkt erreicht werden konnten. Auch wenn diese Form der „inklusiven Beteiligung" zwar bestimmte Gruppen unterstützt, zielt sie letztlich „darauf ab, die Gesellschaft von Beginn an so zu organisieren, dass sämtliche Mitglieder gleichberechtigt an allen Prozessen und Strukturen partizipieren und diese mit aufbauen können" (Richter et al. 2016, S. 17; vgl. Böhm/Büsching 2013, S. 5).

Neben diesen Bausteinen bedarf es weiterer grundlegender Veränderungen, da erste Evaluationen zeigen, dass Leitlinien und neue Organisationseinheiten zwar einen notwendigen und wichtigen Schritt darstellen, sie können aber die Etablierung einer erfolgreichen Beteiligungspraxis nicht allein bewirken (vgl. Klages 2015, S. 6ff.). Um eine verbindliche, strukturierte Beteiligung im Sinne einer Beteiligungskultur zu erreichen, „muss Bürgerbeteiligung systematisch in den Köpfen der Akteure, aber auch in Strukturen und Prozessen verankert sowie verstetigt angewandt werden (vgl. Fuhrmann/Brunn 2016). Dies setzt neben einer unverzichtbaren Unterstützung durch die Stadtspitze eine veränderte Haltung zu Beteiligung voraus. Erst in der Verbindung von Haltung, Anspruch und Anerkennung wird aus einer strukturierten Bürgerbeteiligung eine kommunale Beteiligungskultur. Dies kann jedoch nicht verordnet werden. Es muss vielmehr gelebt werden.

3. Forschungsansatz und Methodik

3.1 Bürgerbeteiligung evaluieren: Eine methodische Herausforderung

Um die Qualität von Bürgerbeteiligung verbessern und Beteiligung auch als gemeinsamen Lernprozess durchführen zu können, werden ausgewählte Beteiligungsverfahren zunehmend wissenschaftlich begleitet. Wissenschaftliche Evaluation wird dabei als die „Messung der Qualität, Legitimität und Wirkung von Beteiligungsverfahren" (Leggewie/Kamlage 2012, S. 8) verstanden. Die wissenschaftliche Unterstützung dieser Prozesse ist keineswegs neu. So ist Bürgerbeteiligung bereits seit den 1950er und 1960er Jahren Gegenstand wissenschaftlicher Evaluationen (vgl. Range/Faas 2016). Zumeist in Einzelfallstudien wurden die Prozesse und Wirkungen einzelner Verfahrenstypen analysiert. Im Vordergrund standen dabei institutionelle Aspekte der Verfahren wie beispielsweise Struktur und Ablauf, bestimmte Wirkungen auf den Kreis der Teilnehmenden oder aber auf einzelne Aspekte wie die Legitimität und Effektivität der Verfahren sowie die Qualität der Entscheidungen (u.a. Ortweil 2001; Behringer 2002; Geis 2005). Zumeist als summative, d.h. ergebnisorientierte, zusammenfassende und bilanzierende Evaluationen angelegt, stand die Bewertung der Ergebnisse und Wirkungen im Mittelpunkt. „Weitergehende Analysen, die Rahmenbedingungen und Kontextfaktoren wie die Mobilisierung der Engagierten, Entstehung von Konfliktsituationen und Beratungsgegenstände in den Blick nehmen, fehlen bislang weitgehend. Ebenso fehlen Studien, die die späteren Wirkungen der Verfahren in die Analyse stärker mit einbeziehen. Dazu zählen vor allem die langfristigen Wirkungen der Entscheidungen auf parlamentarische Institutionen und die Qualität der Entscheidungen in der Wirkung" (Leggewie/ Kamlage 2012, S. 28).

Auch andere Autorinnen und Autoren verweisen auf das Defizit, dass zwar einzelne Kommunikationsbausteine der Bürgerbeteiligung dokumentiert und gelegentlich evaluiert werden, eine Auseinandersetzung mit ihrem jeweiligen Planungs- und Kommunikationskontext und vor allem ihrer Wirkungen bisher überwiegend nicht erforscht sind (Selle 2013). Die „Frage nach der Substanz (Gegenstand, Reichweite und Relevanz), nach nachhaltig wirksamen Veränderungen, die die Erörterungen bewirken (seien sie inhaltlich oder prozessual), und nach den Voraussetzungen, unter denen dies geschieht, ist wesentlich – aber im Wesentlichen noch unbeantwortet" (Selle 20113, S. 10). Die zumeist untergeordnete Rolle von Evaluationen in der Beteiligung wird als vertane Chance

bewertet. Evaluationen sollten stärker genutzt werden, um Lernprozesse anzustoßen, Erfahrungen zu verarbeiten und um unterschiedliche Einschätzungen
zusammenzuführen. „Evaluation kann aber auch dazu dienen, dass alle Projekt-
oder Prozessbeteiligten einen differenzierten Blick auf das Erreichte gewinnen,
dass sich Lerneffekte einstellen und sich damit die Praxis, die Organisation bzw.
die Erreichung im Sinne der gesteckten Ziele entwickelt und sich die Akteure
qualifizieren können" (Kubicek 2013, S.2).

Eine besondere Herausforderung von Evaluationen ist die Analyse und
Bewertung von Wirkungen und Ursachen der Bürgerbeteiligung, da sie oft mit
unrealistischen und kurzfristigen Erwartungen verbunden sind, die Zeit benötigen, „um sich zu beweisen und die in sie gesetzten Hoffnungen zu erfüllen"
(vgl. Ritzi/Schaal 2011). Vorgeschlagen wird deshalb, den Begriff der „Wirkung"
durch „Veränderung" zu ersetzen (vgl. Selle 2013). Die offenere Formulierung
grenzt diese Form von Evaluation von der klassischen Wirkungsforschung ab.
Für die Einschätzung von „Veränderungen" und die Bewertung der Wirkungen berücksichtigt die Evaluation dann unterschiedliche Perspektiven, Ziele
und Erwartungen der beteiligten Akteure. Hierbei ist es von Bedeutung, dass
Beteiligungsprozesse durch die unterschiedlichen Perspektiven und Ziele der
an einem Beteiligungsprojekt beteiligten Gruppen geprägt sind. Veränderungen
und Qualität einer Beteiligung werden entsprechend jeweils unterschiedlich bewertet. Somit ist Qualität „keine Eigenschaft eines Sachverhaltes ..., sondern ein
mehrdimensionales Konstrukt, das von außen an den Sachverhalt zum Zwecke
der Beurteilung herangetragen wird" (Komrey 2001, S. 18). Subjektive Bewertungen der Beteiligten erhalten somit einen besonderen Stellenwert und sollten
methodisch berücksichtigt werden. „Die Evaluatoren bewerten im Sinne einer
akteurszentrierten Perspektive den Erfolg oder Misserfolg des Projekts also nicht
aus eigener Sicht, sondern stellen lediglich die Instrumente bereit, um Informationen über den Erfolg einzuholen und auszuwerten" (Range/Faas 2016, S. 118).
Dieses Vorgehen erfordert zudem eine langfristig über den unmittelbaren Beteili-
gungskontext hinausgehende wissenschaftliche Begleitung.

Eine Veränderung in diese Richtung zeichnet sich in den letzten Jahren durch
die wachsende Zahl wissenschaftlicher Begleit- und Evaluationsforschungen
ab, die überwiegend als Projekte der Transformationsforschung im Kontext
der Energiewende und Klimapolitik durchgeführt werden. In diesem Rahmen
werden Verfahren der Öffentlichkeitsbeteiligung von Beginn an wissenschaftlich
begleitet und evaluiert. Die gewählten formativen (begleitenden und offenen)
Evaluationen stehen dem Konzept der Begleitforschung nahe, welches einerseits eher deskriptivanalytisch und andererseits eher aktivgestaltendend, pro-

zessorientiert und konstruktiv kommunikationsfördernd ausgerichtet sein kann. Der letztgenannte Evaluationsansatz weist Übergänge zur Aktionsforschung auf (Wollmann 2000, S. 197f.) und hat infolge sich verändernder gesellschaftlicher Rahmenbedingungen und Ansprüche an die Forschungs- und Innovationspolitik als Medium der Moderation, zwischen unterschiedlichen Interessen sowie der Stärkung der Lernfähigkeit der Akteure in den letzten Jahren erheblich an Bedeutung gewonnen (vgl. Kuhlmann/Bührer 2000).

Voraussetzung aller dieser Ansätze der begleitenden Evaluation ist die Mitwirkung der Forschenden im Feld, d.h. durch die teilnehmende Beobachtung können Prozesse von innen untersucht und begleitet werden.

3.2 Evaluationsverständnis und -ziele

Aufbauend auf den vorliegenden Erfahrungen mit der Evaluation von Bürgerbeteiligung (vgl. Kap 3.1) wurde die Evaluation des Modellprojekts Strukturierte Bürgerbeteiligung prozessbegleitend (formativ) angelegt. Sie sollte sich auf das Verstehen von Prozessen und Zusammenhängen und die Unterstützung begleitender Lernprozesse konzentrieren. Das mit Evaluation gleichfalls verbundene Messen von Zielen und Wirkungen blieb von nachgeordneter Bedeutung. Wirkungen und deren Ursachen, d.h. der „Output", ließen sich in dem vorgegebenen Untersuchungszeitraum nur schwer erfassen, da die Evaluation beinahe zeitgleich mit dem Modellvorhaben startete. In einer zunächst auf drei Jahre angelegten Phase der Erprobung standen der Aufbau und die Weiterentwicklung der Konzeption im Vordergrund, so dass Wirkungen empirisch kaum fassbar waren. Zur Evaluation der Implementationsphase bot sich deshalb eine Prozessevaluation an, die beratend und kontrollierend wirken sollte. Im Fokus sollte die Analyse des „Outcome" in Hinblick auf die ausgelösten Wirkungen bei den direkten Adressaten stehen. Damit ontspricht das Vorgehen eher der Erfassung von Veränderungen als einer Betrachtung der Wirkungen.

Die Evaluation sollte allen am Modellprojekte Beteiligten helfen zu verstehen, wie Interaktionen und das Zusammenspiel unterschiedlicher am Prozess und Projekt beteiligter Akteursgruppen erfolgen, wie Veränderungen vollzogen werden und welche Ergebnisse entstehen. Die in diesem Sinne verstandene Evaluation sollte kompetentes (Verwaltungs-)Handeln unterstützen, indem Nachsteuerungsbedarfe offengelegt, gemeinsame kritische Reflexionsprozesse angelegt und unterstützt und flexibel auf neue Anforderungen reagiert wurde. Sie entsprach damit dem experimentellen Charakter des Modellprojekts. „Neben der Wissenschaftlichkeit der Ergebnisse, kommt es eben auch darauf an, dass Evaluationen nützlich sind, denn nur dann werden sie auch politische und soziale Veränderungsprozesse erwirken können" (Stockmann 2000, S. 19). So verstanden sind Evaluationen sowohl Teil der empirischen Sozialforschung als auch Teil des politischen Prozesses, d.h. sie müssen wissenschaftlichen Anforderungen genügen und zugleich den Interessen der Beteiligten von größtmöglichem Nutzen sein. Die wissenschaftliche Evaluation sollte Handlungswissen für die Praxis liefern.

Um einen Dialog auf Augenhöhe führen zu können, wurden die Evaluation kooperativ und dialogorientiert angelegt. Die Aufgaben der Evaluatorinnen bestanden aus Analysieren, Begleiten, Zuhören, Beobachten, Diskutieren, Moderieren und Informieren. Zwischen den am Prozess Beteiligten wurden kontinuierlich Erfahrungen weitergegeben und Reflektionen angestoßen. (Zwischen-)Ergebnisse der Evaluation wurden im Verlauf der Modellprojektphase halbjährlich vor- und zur Diskussion gestellt. Durch die Erörterung der Entwicklungen des Modellvorhabens, von Zwischenergebnissen und Erkenntnissen aus der Evaluation wurde gezielt Einfluss genommen auf den Verlauf und die Ausrichtung des Modellprojektes. Dies hatte zur Folge, dass im Verlauf des Projektes bereits nach- und umgesteuert werden konnte; frei nach dem Motto „Stärken stärken". Die Evaluation sollte nicht zuletzt sicherstellen, dass unabhängig vom konkreten Erfolg einzelner Projektbausteine oder des ganzen Projektes alle am Projekt Beteiligten aus dem Prozess lernen. Dieses Verständnis bezog die Evaluatorinnen als Teil des Prozesses und als Lernende mit ein.

Wenngleich die Evaluatorinnen grundsätzlich eine neutrale Position einnahmen, bezogen sie im Einzelfall Positionen, um Reflexionsprozesse anzustoßen und dazu beizutragen, im Prozessverlauf die strategische Steuerung des Modelprojekts zu verändern und zu verbessern und die Qualitäten zu erhöhen. Mit Hilfe der Evaluation sollten die Akteure des Modellprojektes einen differenzierteren Blick auf den Prozess und das Erreichte gewinnen und gemeinsam Lern- und Qualifizierungsprozesse vollziehen. Damit dies gelingen konnte, erfolgte zu Beginn der Evaluation eine Verständigung auf Spielregeln. Ziele und Verlauf der Evaluation wurden zudem transparent gemacht.

Kurz zusammengefasst: Die formativ, begleitend und dialogisch ausgerichtete Evaluation des Modellprojekts „Strukturierte Bürgerbeteiligung" verfolgte einen multiperspektivischen Ansatz; intensive Wissenschaft-Praxis-Dialoge waren integraler Bestandteil der Evaluation. In einem gemeinsamen Lern- und Forschungsprozess wurden die Entwicklung des Modellvorhabens und der einzelnen Bausteine und ihrer Zusammenhänge wahrgenommen, reflektiert und notwendige Veränderungen angestoßen.

3.3 Themenschwerpunkte der Evaluation

Die Evaluation konzentrierte sich auf folgende Themen:

- Rahmenbedingungen, Entstehungsgeschichte und Auftakt des Modellprojekts
Erfasst, analysiert und hinsichtlich der Schlussfolgerungen für den Ansatz der
„Strukturierten Beteiligung" bewertet wurden die Entstehungsgeschichte und
die Rahmenbedingungen des Projekts. Hierzu gehört die Einführung und
Etablierung des Büros für Bürgerbeteiligung, das in WerkStadt für Beteiligung
umbenannt wurde, sowie die Gründung und Etablierung des Beteiligungsrates

- Strukturen und Organisation
Erhoben und analysiert wurden die Organisationsstruktur der WerkStadt für
Beteiligung, ihre Weiterentwicklung und Arbeitsweise, die Organisation des
Beteiligungsrates und das zugrundliegende Rollenverständnisse aller be-
teiligten Akteure.

- Ziele und Inhalte
Analysiert wurden Zielsetzungen und inhaltliche Aufgabenstellung der drei
Bausteine des Modellprojekts (WerkStadt, Beteiligungsrat, Grundsätze).

- Prozesse und Zusammenarbeit
Ein besonderes Augenmerk wurde bei der Analyse des Zusammenspiels
der verschiedenen am Prozess beteiligten Akteure und Akteursgruppen auf
die in einer deutschen Kommune erstmalig erprobte zweiteilige und gleichberechtigte Struktur der WerkStadt für Beteiligung gelegt. Gleichwohl wurden
die Mitwirkung und das Zusammenspiel mit weiteren Geschäfts- und Arbeitsbereichen der Stadtverwaltung, mit der Stadtverordnetenversammlung sowie
mit der Bürgerschaft und Bürgerinitiativen in den Blick genommen.

- Perspektive: Handlungsempfehlungen zur möglichen Weiterentwicklung des
Modellprojekts Aus den Befunden der einzelnen Analysebausteine wurden
kontinuierlich Schlussfolgerungen und Empfehlungen zur Fortführung des
Modellprojekts abgeleitet.

Nicht in die Evaluation einbezogen wurden einzelne von der WerkStadt für Beteiligung verantwortete und durchgeführte Beteiligungsprojekte, da der Fokus
der begleitenden Evaluation auf dem Aufbau, der Organisation und den Prozessen einer übergreifenden Bürgerbeteiligung lag.

3.4 Methodisches Vorgehen

Zum Einsatz kam eine Kombination aus qualitativen und quantitativen Methoden. Das Methodenspektrum reichte von der Analyse und Auswertung schriftlicher Materialien, über die beobachtende Teilnahme an ausgewählten Sitzungen des Beteiligungsrats, bis zu sowohl leitfadengestützten Interviews als auch standardisierten Befragungen (mit Antwortvorgaben). Darüber hinaus wurden Gruppendiskussionen und Reflexionsrunden mit ausgewählten Akteuren initiiert, moderiert und ausgewertet. Der Arbeitsstand der Evaluation sowie laufende Ergebnisse und Erkenntnisse wurden zudem zweimal im Jahr schriftlich in einem Zwischenbericht für den Auftraggeber zusammengeführt.

Damit umfasste die begleitende Evaluation mit ihrer methodischen Vielfalt sowohl deskriptiv-analytische als auch aktiv-gestaltendende, prozessorientierte und konstruktiv kommunikationsfördernde Elemente. Der Einsatz der unterschiedlichen Methoden sollte gewährleisten, dass divergierende Sichtweisen und Einschätzungen der beteiligter Akteure sichtbar, aufgegriffen, reflektiert, diskutiert und in den Prozess sowie die Bewertung eingespeist werden.

Der methodische Ansatz setzte sich im Einzelnen aus folgenden Bausteinen zusammen:

- Dokumentenanalyse
  Konzepte, Arbeitspapiere, Beschlüsse und weitere Unterlagen, die für das Modellprojekt von Bedeutung sind, wurden zusammengetragen, analysiert und ausgewertet. Die Dokumentenanalyse umfasste zudem die Sichtung und Auswertung von themenrelevantem Material, vor allem Primär- und Sekundärquellen sowie vorliegende Evaluationen zu Beteiligungsansätzen in anderen Kommunen, die – wie Potsdam – einen Schwerpunkt auf Veränderungen in der Organisation und Zusammenarbeit der Akteure legen. Die Erfahrungen anderer Städte und Gemeinden wurden – zumindest in Ansätzen – für den Potsdamer Beteiligungsansatz nutzbar gemacht. Im Einzelnen wurden folgende Unterlagen ausgewertet:

  - Infoordner „Das Modellprojekt „Büro Für Bürgerbeteiligung" (Dokumente aus dem Beteiligungsprozess 2011-2013: Protokolle der Ausarbeitungsphase, Projektbeschreibungen zum Büro für Bürgerbeteiligung, zum Beteiligungsrat und zu den Grundsätzen für Bürgerbeteiligung sowie Anträge und Beschlüsse der Stadtverordnetenversammlung)
  - Potsdam mitgestalten: Modellprojekt 1. Jahresbericht 2014

- Potsdamer Schriftenreihe: Bürgerbeteiligung, Band 1- 3
- Website zur Bürgerbeteiligung der Landeshauptstadt Potsdam:
  https://buergerbeteiligung.potsdam.de/,
- Interne Unterlagen
- Beschlüsse der Politik
- Protokolle der Sitzungen des Beteiligungsrates.

- Leitfadengestützte Interviews mit Schlüsselpersonen
  Die Evaluatorinnen führten mit einem breiten Spektrum von Vertreterinnen und Vertretern der verschiedenen am Projekt und Prozess beteiligten Akteursgruppen leitfadengestützte Interviews. Gesprächspartnerinnen und -partner waren Mitarbeiterinnen und Mitarbeiter der WerkStadt für Beteiligung (extern/intern) sowie ausgewählte Vertreterinnen und Vertreter der Verwaltung (Arbeits- und Leitungsebene), des Beteiligungsrates, der gewählten Kommunalpolitik und Akteure der Zivilgesellschaft. In der ersten Interviewrunde wurden 14 Gespräche geführt, in der zweiten Runde sieben Gespräche, darunter drei Gruppengespräche mit den Mitgliedern des Beteiligungsrats, des internen Teils sowie des externen Teils der WerkStadt für Beteiligung. Darüber hinaus wurde ein Gruppengespräch mit Vertreter/innen von Bürgerinitiativen in Potsdam geführt. Im Mittelpunkt der Interviews standen Erfahrungen, Einschätzungen und Bewertungen zum Modellprojekt, zu seiner Konzeption, Umsetzung und Zielerreichung sowie zur Bürgerbeteiligung in Potsdam. Themen waren zudem Erfolgsfaktoren und Hemmnisse des Modellprojekts sowie seine möglichen Perspektiven.

  Die ca. 60 bis 90-minütigen Interviews wurden zu Beginn und am Ende der Evaluation durchgeführt, um gleichzeitig Entwicklungen und Veränderungen in der Wahrnehmung und Einschätzung einfangen zu können. Dazu wurden die Interviewten am Ende des jeweiligen Gesprächs um eine standardisierte Bewertung einzelner Aspekte des Modellprojekts – entlang quantifizierter Antwortvorgaben – gebeten. Die Antworten wurden in einem Netzdiagramm aufgearbeitet.

- Teilnehmende Beobachtung
  Teilnehmende Beobachtung ist eine Methode der Feldforschung. Kennzeichnend ist die persönliche Teilnahme der Forschenden an den Interaktionen der Personen, die das Forschungsobjekt bilden. Auf diesem Wege sollen Aspekte des Handelns und Denkens erschlossen werden, die in Gesprächen und Dokumenten nicht zugänglich sind. Teilnehmende Beobachtung bedeutet ein ständiges Bewegen zwischen Nähe (Teilnahme) und Distanz

(Beobachtung), um die Erfahrungen auch wissenschaftlich reflektieren zu können. Die Evaluatorinnen nahmen an 17 Sitzungen des Beteiligungsrates beobachtend teil (in 2014: 21. Mai, 19. Juni. 28. August., 25. September, 4. Dezember, in 2015: 27. Januar, 17. Februar, 22. April, 19. Mai, 17. Juni, 8. September, 18. November, in 2016: 13. Januar, 17. Februar, 17. März, 15. Juni, 28. September). Die Sitzungen wurden entlang von Leitfragen und auf Grundlage eines Beobachtungsdesigns protokolliert. Die Analyse floss in die anschließende Gesamtbewertung ein.

- Reflexionsrunden

  Im Projektverlauf wurden als wichtiger Baustein der begleitenden und dialogisch ausgerichteten Evaluation kontinuierlich Reflexionsprozesse angestoßen und begleitet. Hierzu wurde mit gemeinsamen Reflexionsrunden ein Dialogformat entwickelt, in dem in Form eines strukturierten Dialogs zwischen den unterschiedlichen am Modellprojekt beteiligten Akteuren und den Evaluatorinnen zwei Mal jährlich ausgewählte Befunde aus der Evaluation erörtert wurden. Grundlagen der gemeinsamen Diskussion waren jeweils ein Input und eine Tischvorlage zum Stand der Evaluation. Konzipiert als Gruppengespräche zielten die Reflexionsrunden neben der Vorstellung der jeweils aktuellen (Zwischen-) Ergebnisse auf gemeinsame Reflexionsprozesse, die zu einer Anpassung und Nachsteuerung des Modellvorhabens führen konnten. Die Evaluatorinnen waren zuständig für die Vorbereitung, Durchführung, Moderation, Nachbereitung und Auswertung der Runden. Erstellt wurde ein ausführliches Protokoll. An den fünf dreistündigen Reflexionsrunden, die am 10. Juli 2014, 4. Dezember 2014, 7. August 2015, 16. Dezember 2015 und 16. Juli 2016 stattfanden, nahmen jeweils ca. 15 Personen teil (Auftraggeber, WfB, Beteiligungsrat einschl. Verwaltung und Kommunalpolitik). Auf Wunsch des Auftraggebers wurde am 9. November 2015 ein zusätzlicher Workshop mit Vertreterinnen und Vertretern des externen und internen Teil der WerkStadt für Beteiligung und ihren jeweiligen Vorgesetzten durchgeführt, um vor dem Hintergrund eines aufgetretenen Konflikts grundsätzliche Fragen zum Umgang mit Konflikten zu besprechen und eine perspektivische Regelung zu vereinbaren.

- Berichterstattungen

  Die Arbeitsschritte und zu dem jeweiligen Zeitpunkt vorliegenden Ergebnisse und Erkenntnisse der Evaluation wurden schriftlich in einem Zwischenbericht für den Auftraggeber zusammengeführt. Diese vier Berichte, die zum 12.8.2014, 16.12.2014, 14.7.2015 und 16.2.1016 vorgelegt wurden, behandeln jeweils einen thematischen Schwerpunkt, der dem Stand des

Modellvorhabens entsprach. Die Berichte entstanden zeitlich parallel zu den Reflexionsrunden, so dass deren Diskussionen und Ergebnisse noch Eingang in die jeweiligen Berichte finden konnten.

4. Das Modellprojekt: Entstehung und Bausteine

4.1 Anlass und Genese

Bürgerbeteiligung steht in der Landeshauptstadt Potsdam seit 2010 unter Federführung des Oberbürgermeisters Jann Jakobs weit oben auf der politischen Agenda. Neue Akzente sollten gesetzt werden. Angeknüpft werden konnte an Erfahrungen, aber auch an die wachsende öffentliche Kritik am Bürgerhaushalt, der im Jahr 2007 eingeführt wurde. Unterstützt durch ein Expertengremium, das sich aus Vertreter/innen der Verwaltung, der Wissenschaft und externen Sachverständigen zusammensetzte, erarbeitete die Verwaltung ein erstes Konzept für die strukturelle Verankerung der Bürgerbeteiligung in Potsdam. Dieses wurde als Arbeitspapier „Bürgerbeteiligung – Ein Streitfeld zwischen Regierungskunst und Basisaktivierung" am 14. September 2011 im Rahmen einer Veranstaltung der Öffentlichkeit vorgestellt. Für die Autorinnen und Autoren vollkommen unerwartet stieß das Konzept auf umfangreiche und grundsätzliche Kritik – bemängelt wurde insbesondere, dass das Beteiligungskonzept ohne Beteiligung der Bürgerinnen und Bürger entwickelt und damit der Anspruch der Beteiligung von Beginn an konterkariert worden sei.

Noch während der Veranstaltung wurde vereinbart, dass zunächst eine offene Diskussion zur Bürgerbeteiligung geführt werden müsse, um darauf aufbauend den zukünftigen Weg skizzieren zu können. Eine Vorbereitungsgruppe aus Bürger/innen, Stadtverwaltung und Stadtpolitik bereitete die nur vier Wochen später stattfindende Open Space-Konferenz am 29. Oktober 2011 vor, die den Startschuss für ein verändertes Beteiligungsverständnis bildete. In über zwanzig Arbeitsgruppen fanden sich etwa 120 Teilnehmer/innen zusammen und diskutierten Fragen wie „Was ist Bürgerbeteiligung?"; „Welche Formen und Instrumente der Bürgerbeteiligung sind vorstellbar und realisierbar" und „Wie kann der Dialog zwischen Bürgerschaft und Stadtverwaltung und Stadtpolitik besser und informativer gestaltet werden?". Einigkeit bestand darüber, dass neue Wege für einen kommunalen Beteiligungsansatz und für eine Form der Bürgerbeteiligung gesucht werden sollten, die mehr bieten als die Information über fertige

Konzepte, Planungen und beschlossene Projekte. „Aus Sicht vieler Beteiligter [erschien es] unumgänglich, eine gemeinsame Sprache zwischen Bürgerschaft, Stadtpolitik und Stadtverwaltung zu finden" (Stadt Potsdam 2011, S. 3).

Auf die aufgeworfenen Fragen wurden erste Antworten gefunden, die die Grundlage der Arbeit der neu gegründeten Arbeitsgruppe „Bürgerbeteiligung in Potsdam" bildeten. Über einen Zeitraum von mehr als zwei Jahren befasste sie sich unter Mitwirkung von Bürger/innen sowie Vertreter/innen aus Verwaltung und Kommunalpolitik mit der Überarbeitung des Konzepts. Für die initiierende Verwaltung war dies „der Startpunkt für einen weiteren und produktiven Prozess des Austausches und konstruktiven Dialogs zwischen Bürgerschaft, Verwaltung und Stadtpolitik" (Jetschmanegg 2013, S.11). In dem gemeinsamen Arbeits- und Diskussionsprozess entstanden die „Grundsätze der Bürgerbeteiligung in Potsdam". Zudem wurde das Modell für ein „Büro für Bürgerbeteiligung" sowie einen „Beteiligungsrat" erarbeitet, d.h. in dem zeitintensiven Prozess entstand ein „gemeinsam erarbeitetes und von einem Grundkonsens getragenes neues Strukturmodell" (Jetschmanegg 2013, S. 12).

Die Ergebnisse wurden am 4. Mai 2012 erneut im Rahmen einer Open-Space-Konferenz vorgestellt und in einem World-Café von Bürger/innen, Stadtver-ordneten und Mitarbeiter/innen der Stadtverwaltung diskutiert. Die daraus resultierende Beschlussvorlage 12/SVV/0539 „Büro für Bürgerbeteiligung und Beteiligungsrat" wurde am 12. September 2012 vom Hauptausschuss der Stadt-verordnetenversammlung (StVV) in unveränderter Form angenommen.

Das beschlossene Bürgerbeteiligungskonzepts umfasst drei Kernelemente bzw. Empfehlungen:

- Grundsätze der Bürgerbeteiligung, an denen sich Politik, Verwaltung und Bewohnerschaft gemeinsam orientieren sollen;
- Etablierung eines Beteiligungsrates, der die Bürgerbeteiligung in der Stadt Potsdam kritisch begleitet und unterstützt;
- Gründung eines Büros für Bürgerbeteiligung, das über eine zweiteilige Struktur verfügt und gleichberechtigt von der Verwaltung und einem freien Träger betrieben wird.

Der Beschluss der Stadtverordnetenversammlung mündete in das auf drei Jahre befristete Modellprojekt „Strukturierte Bürgerbeteiligung". Mit dem Beschluss wurde aus der Arbeitsgruppe „Bürgerbeteiligung in Potsdam" der vorläufige Beteiligungsrat.

Chronik des Entstehungsprozesses

2010	Amtseinführung von Oberbürgermeister Jann Jakobs (SPD), Ankündigung das Thema Bürgerbeteiligung in der zweiten Amtszeit neu anzugehen (Büro für Bürgerbeteiligung, Bürgerbefragungen, Social Media, Stadtteilkonferenzen)
15.03.2011	Workshop der Stadtverwaltung zum Thema Bürgerbeteiligung mit ex-ternen Experten
30.03.2011	Einbringung einer Mitteilungsvorlage in die Beigeordnetenkonferenz zu den Planungen
27.04./ 11.05.2011	Einbringen einer Vorlage zum weiteren Vorgehen in den Hauptausschuss
14.09.2011	öffentliche Vorstellung des Arbeitspapiers: „Bürgerbeteiligung – Ein Streitfeld zwischen Regierungskunst und Basisaktivierung", in Folge der Veranstaltung gründete sich auf Vorschlag des Oberbürgermeisters eine Arbeitsgruppe Bürgerbeteiligung zur Überarbeitung des Konzeptes und Integration der Bürgerschaft in den Prozess
29.10.2011	Open-Space-Konferenz im Bürgerhaus am Schlaatz, organisiert von der Arbeitsgruppe Bürgerbeteiligung, im Nachgang wurden die Ergebnisse durch eine neue Arbeitsgruppe ausgewertet und Empfehlungen erarbeitet
02.05.2012	Bericht in der Beigeordnetenkonferenz
04.05.2012	Öffentliche Präsentation und Diskussion der Ergebnisse der Arbeits-gruppe Bürgerbeteiligung, in Folge der Veranstaltung wurde die Ein-bringung des neuen Konzepts in die Stadtverordnetenversammlung vorbereitet
12.09.2012	Beschluss des Konzepts im Hauptausschuss

April/Mai 2012	Bewerbungsphase für den neu zu bildenden Beteiligungsrat
28.05.2013	Öffentliche Auslosung des Beteiligungsrates
13.05.2013	Start des Interessenbekundungsverfahren für einen externen Träger als Teil des Büros für Bürgerbeteiligung
26.09.2013	Übergabeveranstaltung zwischen vorläufigem Beteiligungsrat und dem neu gebildeten Beteiligungsrat (1. Sitzung des Beteiligungsrates)
30.10.2013	Beschluss im Hauptausschuss zum externen Träger des Büros für Bürgerbeteiligung
01.11.2013	Start der WerkStadt für Beteiligung (als „Büro für Bürgerbeteiligung")
01.06.2016	Verstetigung des Modellprojekts 'Strukturierte Bürgerbeteiligung in Potsdam'

Quellen: Landeshauptstadt Potsdam2013 und eigene Ergänzungen

4.2 Ziele des Modellprojekts

Ein „Schritt zu mehr Beteiligung" (Jakobs 2016, S. 1) – so lautet das Ziel des Modellprojekts. Beteiligung wird dabei als Werkzeug zur konstruktiven Bearbeitung von Konflikten und Interessensgegensätzen verstanden. „Durch die Einbringung von Erfahrungen und Kompetenzen der Potsdamerinnen und Potsdamer lernen alle Beteiligten viel voneinander; sie treten in einen Dialog miteinander. Das allein ist manchmal schon ein großer Schritt. Die Projekte in der Landeshauptstadt finden durch die Beteiligung zudem mehr Akzeptanz, und gemeinsam können bessere Entscheidungen vorbereitet werden" (Jakobs 2013, S. 5).

Auch an anderen Stellen ist ausgeführt, dass mit dem Modellvorhaben auf verschiedenen Wegen mehr Beteiligung gewagt werden soll (vgl. Jetschmanegg 2013). Erreicht werden soll dies dadurch, dass unterschiedliche Akteursgruppen einbezogen werden, um eine strukturell neue Zusammenarbeit von Verwaltung, der Zivilgesellschaft und der Kommunalpolitik zu erreichen. Auf der einen Seite geht es um die gezielte Zusammenarbeit der WerkStadt für Beteiligung mit den Fachbereichen der Stadtverwaltung, auf der anderen Seite um die Aktivierung der Bevölkerung. Eine qualifiziertere Bürgerbeteiligung entsteht – so die Ausgangserwartung – zudem, wenn die formulierten Grundsätze für Bürgerbeteiligung in Potsdam konsequent angewendet werden.

4.3 Die drei Bausteine des Modellprojekts

Die drei Bausteine des Modellprojekts – die WerkStadt für Beteiligung (zu Beginn Büro für Bürgerbeteiligung genannt), der Beteiligungsrat und die Grundsätze für Bürgerbeteiligung – werden im Folgenden zunächst mit Blick auf ihre jeweiligen Ziele, Akteure, Strukturen und ihre Besonderheiten vorgestellt (siehe Abb. 3). Zudem werden die wichtigsten Arbeitsschritte, die in der Modellphase umgesetzt wurden, beschrieben. Skizziert wird, inwiefern sich die Aufgaben und die Rollen der Bausteine im Verlauf des Modellvorhabens weiterentwickelt oder verändert haben.

Abbildung 3:   Bausteine des Modellprojekts

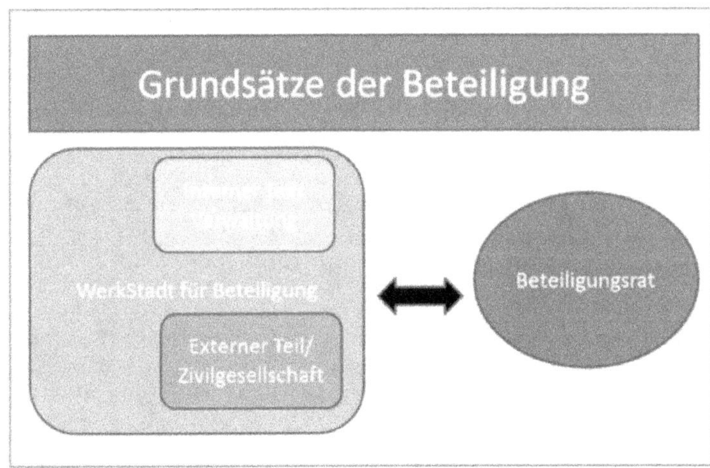

Quelle: Eigene Darstellung

4.3.1   Die WerkStadt für Beteiligung

Ziel- und Aufgabenstellung

Die WerkStadt für Beteiligung arbeitet mit dem Ziel, allen Einwohnerinnen und Einwohnern Potsdams einen leichten Zugang zu verschiedenen Formen der aktiven Beteiligung zu ermöglichen. Auf Basis der Grundsätze für Bürgerbeteiligung sorgt sie für bestmögliche Bedingungen bei der gemeinsamen Suche nach Ideen und Lösungen, so dass sich alle Interessierten gleichberechtigt einbringen können.

Dieses Ziel konkretisiert die im Beschluss zur Durchführung des Modellprojekts vom 12. September 2012 festgelegten Ziele und Aufgaben der neuen Organisationseinheit. Dort wird die WerkStadt als zentrale Koordinations- und Steuerungseinheit für Bürgerbeteiligung in Potsdam definiert, die als Kompetenzzentrum und Partner für die Bürger/innen sowie die Verwaltung („Schnittstellen"-Management) dienen soll. Sie ist zuständig für die Vernetzung innerhalb der Stadtteile, die Verbesserung von Information und Kommunikation in Beteiligungsverfahren und das Ermöglichen eines niedrigschwelligen Zugangs zu Beteiligungsverfahren. Im Einzelnen umfasst dies folgende Aufgaben (vgl. Landeshauptstadt Potsdam u.a. 2015)

- Unterstützung von Gruppen und Einrichtungen dabei, sich zu Angelegenheiten von öffentlichem Belang auf möglichst wirksame Weise mit den Menschen, die es interessiert und angeht, zu verständigen,

- Beratung bei der frühzeitigen Planung von Beteiligung und Unterstützung dabei, diese in bestehende Abläufe einzubinden,

- Beratung bei der Auswahl und Umsetzung von Instrumenton und Methoden der Bürgerbeteiligung (Runde Tische, Mediationen, Konfliktlösungen, Zielfindung und Benennung des Handlungsrahmens),

- Koordinierung und Begleitung von Bürgerbeteiligung, die aus den Stadtteilen heraus entwickelt wird („bottom-up") und von solcher, die die Stadtverwaltung und Stadtpolitik initiiert („top-down");

- Recherche von Ansprechpartnerinnen und Ansprechpartner sowie Zielgruppen, mit denen gesprochen werden sollte,

- Herstellung von Kontakt zu denen, „die es angeht".

- Unterstützung bei der praktischen Organisation durch das Angebot oder die Vermittlung geeigneter Räume sowie einer kompetenten Moderation und Prozessbegleitung,

- Dokumentation und Veröffentlichung von Prozessen und Ergebnissen von Beteiligungsprojekten,

- Entwicklung einheitlicher Standards für Beteiligungsprozesse in Zusammenarbeit mit dem Beteiligungsrat.

Der externe Teil der WerkStadt entwickelte ein ergänzendes Tätigkeitsprofil, das folgende Aufgaben umfasst:

- die Verbindung zu Initiativen und Einrichtungen in den Stadtteilen herstellen und als Ansprechpartner/innen wahrgenommen werden,

- Kompetenz für Initiativen, Vereine und Einwohner/innen vermitteln,

- Hürden zur Teilnahme an Partizipationsprozessen abbauen und

- offene Gespräche mit Bürger/innen als Startpunkt der Beteiligung führen.

Einen Schwerpunkt der Aktivitäten nimmt dabei das so genannte Organizing ein, welches die WerkStadt für Beteiligung bei ihrer Arbeit mit der Zivilgesellschaft verfolgt (vgl. Landeshauptstadt Potsdam u.a. 2015). Beim Organizing werden Gruppen dabei unterstützt, sich zu organisieren, sich ihrer gemeinsamen Interessen bewusst zu werden und diese mit einem klaren Ziel gegenüber öffentlichen Stellen und Politik zu vertreten.

Grundlage aller Tätigkeiten sind die Grundsätze der Beteiligung. Um als Ansprechpartner für die Bürger/innen möglichst gut erreichbar zu sein und die Hürde des „Gangs in die Verwaltung" zu vermeiden, ist die WerkStadt dezentral organisiert. Das interne Büro arbeitet im Rathaus der Landeshauptstadt Potsdam. Die Räume des externen Büros liegen in der Innenstadt Potsdams, in fußläufiger Nähe zum Rathaus. Um die gemeinsame Arbeit zu organisieren, koordinieren und abstimmen zu können, treffen sich die Mitarbeiterinnen und Mitarbeiter beider Büroteile regelmäßig zu gemeinsamen Arbeitsbesprechungen.

Aufbau, Struktur und Ressourcen

Die WerkStadt für Beteiligung setzt sich aus zwei gleichberechtigt arbeitenden Büroteilen zusammen, die sowohl verwaltungsintern (internes Büro) als auch verwaltungsextern (externes Büro) arbeiten. Gemeinsam getragen von der Landeshauptstadt Potsdam und dem freien Träger mitMachen e.V. wirkt sie bei der Begleitung, Unterstützung und Beratung der Planung, Durchführung und Rechenschaft von Beteiligung nicht allein in die Verwaltung, sondern versteht sich im gleichen Maße als Partnerin für alle interessierten Gruppen, Initiativen und Vereine in der Stadtgesellschaft. Dafür hat die Landeshauptstadt Potsdam zwei Stellen in der Verwaltung sowie finanzielle Mittel für einen externen Träger in gleicher Höhe bereitgestellt. Durch diese paritätische Besetzung soll sichergestellt werden, dass die WerkStadt allparteilich und unabhängig auftritt. Zudem soll die zweiteilige Struktur das Spektrum der Perspektiven und Sichtweisen auf Bürgerbeteiligung – über eine rein verwaltungsinterne Sicht hinaus – erweitern.

Die externe Trägerschaft wurde in einem Interessenbekundungsverfahren ausgeschrieben, an dem sich sechs Unternehmen und Bietergemeinschaften beteiligten. Der Hauptausschuss der Stadtverordnetenversammlung schloss sich am 30. Oktober 2013 dem Votum des Auswahlgremiums und des Oberbürgermeisters an. Den Zuschlag erhielt eine Bietergemeinschaft aus dem Stadtteilnetzwerk Potsdam West e.V., dem Stadtjugendring Potsdam e.V. und der KUBUS gGmbH. Die Bietergemeinschaft gründete daraufhin den Verein mitMachen e.V., der die externe Trägerschaft für das Büro für Bürgerbeteiligung übernahm. Im externen Büro der WerkStadt für Beteiligung arbeiten drei Mitarbeiterinnen und Mitarbeiter.

Der externe Träger der WerkStadt ist in der Initiativenlandschaft Potsdams verwurzelt. Hierdurch sollte der Zugang zu Bürger (-Initiativen) erleichtert, es sollten Hemmschwellen abgebaut und eine offene Gesprächsatmosphäre unterstützt werden. Mit der zweigliedrigen Struktur und dem Profil des externen Trägers wurde zugleich ein Zeichen gesetzt für einen Beteiligungsansatz, der (auch) auf eine Basisaktivierung (bottom up-Ansatz) zielt. Die WerkStadt verfügt über ein Budget von jährlich 40.000 Euro.

Das „Büro für Bürgerbeteiligung" wurde im Laufe des ersten Jahres in „WerkStadt für Beteiligung" umbenannt. Mit dem Namenswechsel sollte das gemeinsame Verständnis von Beteiligung besser wiedergeben und ein unverwechselbarer Begriff gefunden werden. Deutlich gemacht werden sollte, dass sich die WerkStadt an alle Menschen richtet, deren Leben sich in Potsdam abspielt. Gleichzeitig sollte die Zusammenziehung beider Worte an die in Potsdam seit vielen Jahren zu verschiedenen Themen durchgeführten Werkstatt-Verfahren erinnern.

Arbeitsschwerpunkte 2013 – 2016

Zum 1. November 2013 nahm die WerkStadt für Beteiligung (WfB) (als Büro für Bürgerbeteiligung) die Arbeit auf. In der ersten Jahreshälfte 2014 stand der Aufbau der Arbeitsstrukturen im Vordergrund. Dabei galt es, Aufgaben und Rollen der beiden Teile der WerkStadt zu definieren und auch das Verhältnis zum Beteiligungsrat zu klären. Im Mittelpunkt stand die Frage nach dem Selbstverständnis, der eigenen Rolle und der inhaltlichen Ausrichtung der im kommunalen Kontext bisher nicht eingeübten Zusammenarbeit einer Verwaltungseinheit und einem freiem Träger. Die ursprüngliche Absicht, hierfür zu Beginn eine gemeinsame Geschäftsordnung zu erarbeiten, in der Rechte, Pflichten und das Verhältnis der beiden Hälften klar geregelt sind, wurde verworfen. Der Schwerpunkt der Arbeit wurde zu Beginn auf konkrete Beteiligungsprojekte, d.h. die praktische Arbeit gelegt, um so rasch wie möglich nach außen wirksam werden zu können. Zudem erschien eine Geschäftsordnung nicht dafür geeignet, dem Anspruch nach Flexibilität gerecht zu werden, welche die Zusammenarbeit zweier so unterschiedlicher Institutionen benötigt. Die Arbeit sollte vielmehr auf der Grundlage von nicht formalisierten Richtlinien der Zusammenarbeit erfolgen.

Im Frühjahr 2014 stellte sich die WerkStadt in den Geschäftsbereichen der Verwaltung vor, zudem wurde zu einem Vernetzungstreffen mit Initiativen eingeladen, um den auf Seiten der Verwaltung und der Stadtgesellschaft vorhandenen Unsicherheiten über Rolle und Aufgaben der WerkStadt begegnen zu können. Es folgten zahlreiche Gespräche mit Gruppen, Gremien, Initiativen, Beiräten und Netzwerken, die dazu beitrugen, diese Kontakte auszubauen.

Parallel zum Aufbau gab es bereits die ersten Anfragen auf Beratung und Begleitung aus der Verwaltung. Dies führte dazu, dass den Mitarbeiterinnen und Mitarbeitern der WerkStadt nur wenig Zeit blieb, sich strukturell in die neuen Aufgaben einzufinden. Es galt, unkompliziert und schnell auf fahrende Züge der Beteiligung aufzuspringen oder diese bei aktuell anstehenden Vorhaben aufs Gleis zu setzen. Dies entsprach der Ausgangsidee, auf „praktische Umsetzungsfragen im Verlauf des Modellprojekts angemessene Antworten zu finden" (Jakobs 2016, S. 1). Entsprechend standen von Beginn an eine große Bandbreite von Themen auf der Agenda. Grundsätzlich unterscheiden lassen sich dabei zwei Typen von Beteiligungsprozessen, mit denen sich die WerkStadt beschäftigte:

a) Bottom-Up Prozesse, die von der Zivilgesellschaft angestoßen werden. Sie gehen oft aus dem ehrenamtlichen Engagement von Einwohnerinnen und Einwohnern hervor und richten sich an die Politik und Verwaltung.

b) Top-down-Prozesse, deren Impulse von Politik oder Verwaltung ausgehen. Sie unterscheiden sich je nach Anlass, Zweck, Inhalt und beteiligtem Personenkreisen und umfassen in Potsdam Beteiligungsangebote wie Information, Befragung, (begleitende) Konsultation, Mitwirkung, Mitentscheidung und die Potsdamer Bürgerbefragung.

Insgesamt begleitete die WfB im Jahr 2014 22 Beteiligungsprozesse, wovon 16 von der Verwaltung (u.a. Leitbildentwicklung, Seniorenplan, Informationsveranstaltungen und Strategiekonzept zur Flüchtlingsunterbringung, Kulturpolitische Leitlinien, Fortschreibung des Radverkehrskonzeptes) und weitere sechs von der Zivilgesellschaft (u.a. Neue Nachbarschaften in Potsdam West, Mietergemeinschaft Musikerviertel, Initiative Alte Brauerei, Kulturlobby) angestoßen wurden. Alle begleiteten Prozesse wurden in „Steckbriefen" beschrieben, in denen detailliert vermerkt ist, worum es bei einem Prozess ging, wer ihn angestoßen hat und wo man sich über die Ergebnisse informieren kann (siehe https://buergerbeteiligung.potsdam.de/node/6169).

Die Arbeit wurde in 2015 und 2016 fortgesetzt. Einen Schwerpunkt bildete der Leitbildprozess, der unter möglichst breiter Beteiligung der Öffentlichkeit erfolgte. In einem dreistufigen Beteiligungsprozess konnten sich zwischen April und Oktober 2015 alle Interessierten mit ihren Ideen einbringen. Die WerkStadt für Beteiligung war von Beginn an in die Planungen des Prozesses einbezogen. Sie befasste sich darüber hinaus u.a. mit dem Dialog- und Beteiligungsverfahren „Plantage-Rechenzentrum-Garnisonkirche" und der „Beteiligung an den Parkgesprächen". Gleichzeitig betrieb die WfB den Ausbau des Internetangebots, das zukünftig alle Informationen zu Beteiligungsangeboten vorhalten soll. Schließlich wurden die Anstrengungen zur Vernetzung in Verwaltung und Stadtgesellschaft fortgesetzt und die Öffentlichkeitsarbeit intensiviert.

Zusammenfassend lag der Arbeitsschwerpunkt der WerkStadt für Beteiligung in der Phase des Modellprojekts neben dem Aufbau der Arbeitsstrukturen und der Vernetzung mit Verwaltung und Initiativen auf der Beratung und der konkreten Begleitung von Prozessen der Öffentlichkeitsbeteiligung. Die Weiterentwicklung der strukturierten Bürgerbeteiligung durch die Erarbeitung und Erprobung struktureller Bausteine, wie ein regelmäßig aktualisierter Überblick über abgeschlossene, laufende und geplante Beteiligungsverfahren (Verfahrensmonitor), ein Atlas der Potsdamer Beteiligungsorte, -projekte und -initiativen, ein handhabbares Verfahren für die Priorisierung von Beteiligungsprozessen und eine Umsetzung der sieben Grundsätze der Bürgerbeteiligung in handhabbare Kriterien zur Beurteilung von Beteiligungsprozessen, wurden angesichts zu geringer Ressourcen immer wieder zurückgestellt.

4.3.2 Der Beteiligungsrat

Der Beteiligungsrat (BR) ist ein gemäß § 12 der städtischen Hauptsatzung neu geschaffenes, ehrenamtliches, unabhängiges und beratendes Gremium. Zusammengesetzt ist er aus neun Bürger/innen, zwei Stadtverordneten, zwei Mitarbeitern der Stadtverwaltung und einem externen Experten. Der zweite für einen Experten vorgesehene Sitz blieb in der Modellphase unbesetzt.

Die insgesamt neun Sitze für Bürger/innen wurden per Losverfahren aus einem Pool von 164 Bewerbungen bestimmt. Bei Interesse an einer Mitarbeit konnten sich Bürger/innen Potsdams von April bis Mai 2013 formlos unter Angabe von Vorname, Name, Anschrift, Geburtsdatum und Kontaktdaten bewerben. Bei der öffentlichen Auslosung am 28. Mai 2013 wurden die Bewerbungen in Gruppen (Männer, Frauen, Jugendliche im Alter von 16 bis 21 Jahren) eingeteilt und aus diesen insgesamt vier Frauen, vier Männer und eine Jugendliche per Los ermittelt. Die Dauer der Mitgliedschaft aller Beteiligten war auf die Laufzeit der Modellphase, d.h. auf drei Jahre angelegt. Im Falle des Ausscheidens eines Mitglieds des Beteiligungsrates wurde aus den übrigen Bewerbungen nachgelost.

Da der Jugendsitz nur vorübergehend besetzt werden konnte und seine Nachbesetzung längere Zeit ausstand, befasste sich der Beteiligungsrat mehrfach mit Möglichkeiten, Jugendlichen eine Stimme im Gremium zu geben. Diskutiert wurde zunächst, dass das Kinder- und Jugendbüro eine anwaltschaftliche Vertretung der Interessen von Kindern und Jugendlichen übernimmt. Zudem gab es die Überlegung, in zwei Sitzungen pro Jahr, zu denen in Kooperation mit dem Kinder- und Jugendbüro ein bis vier aktive Jugendliche oder Kinder eingeladen werden, das Schwerpunktthema Kinder und Jugendliche aufzurufen. Letztlich gelang es gegen Ende der Modelllaufzeit, eine junge Frau für die Mitwirkung im Beteiligungsrat zu gewinnen, so dass der Jugendsitz besetzt wurde.

Die Mitglieder des Beteiligungsrates erhielten für ihre Tätigkeit in der dreijährigen Modellphase weder eine Aufwandsentschädigung (z.B. Fahrtkostenpauschale) noch ein „Honorar". Der Beteiligungsrat verfügt über kein eigenes Budget. Seine Aufwendungen, z.B. für die externe Moderation und Verpflegung, wurden aus dem Budget der WerkStadt für Beteiligung getragen.

Aufgaben und Rechte

Der Beteiligungsrat hat den Auftrag, die WerkStadt für Beteiligung während der dreijährigen Pilotphase zu beraten und bei der konzeptionellen Weiterentwicklung der Bürgerbeteiligung zu unterstützen. Dabei richtet er seine Arbeit an den Grundsätzen der Bürgerbeteiligung der Landeshauptstadt Potsdam aus. Diesen Auftrag konkretisiert der Beteiligungsrat in seiner Geschäftsordnung, die er zu Beginn des Modellprojekts selbst erarbeitete, wie folgt:

- Hilfestellung und Unterstützung für die WerkStadt für Beteiligung und die Stadtverwaltung,

- Erarbeitung von Handlungsempfehlungen und Handlungsaufgaben für Stadtverwaltung, Stadtverordnetenversammlung und WerkStadt für Beteiligung, um die koordinierte und auf Dialog basierende Arbeit zu verbessern sowie gemeinsame Erarbeitung von Grundsätzen, um den gegenseitigen und frühzeitigen Informationsaustausch zu verbessern,

- Entwicklung und beratende Mitarbeit bei der Erstellung einer Ziel- und Aufgabenplanung für die Aufbauphase der WerkStadt für Beteiligung,

- Hinweise auf Fehler und Optimierungspotenziale und konzeptionelle Weiterentwicklung,

- Ansprechpartner für Bürger/innen, die Mitarbeiter/innen der Verwaltung sowie die Stadtverordneten beim Thema Bürgerbeteiligung,

- Begutachtung der sachlichen und terminlichen Erfüllung von Maßnahmen im Rahmen von Beteiligungsprozessen und bei Bedarf Stellungnahmen hierzu.

Zu Beginn des Modellprojekts wirkte der Beteiligungsrat an der Auswahl des freien Trägers (externes Büro) sowie der mit der Evaluation beauftragten Institution mit. Der Beteiligungsrat begleitete zudem die wissenschaftliche Evaluation des Modellprojekts, in dem u.a. einige Mitglieder an den Reflexionsrunden (vgl. 3.4) teilnahmen.

Arbeitsweise

Am 26. September 2013 übergab der vorläufige Beteiligungsrat (AG Bürgerbeteiligung in Potsdam) dem neu gebildeten Beteiligungsrat seine Aufgaben und Ämter. Die erste Sitzung des neuen Beteiligungsrates fand am 7. November 2013 statt. Seit dem tritt der Beteiligungsrat in der Regel monatlich zusammen. Die Treffen finden an verschiedenen Orten in Potsdam statt. Zu Beginn tagte der BR nicht öffentlich. Im Sommer 2014 wurde beschlossen, die Sitzungen öffentlich durchzuführen und den Gästen auch ein Rederecht einzuräumen. Dieses Angebot wurde jedoch nur selten wahrgenommen. Bis zum Zeitpunkt der Erstellung des Evaluationsberichts (Oktober 2016) fanden 29 Sitzungen statt. Die Sitzungen wurden protokollarisch dokumentiert und auf der Webseite veröffentlicht.

Die Mitglieder wählten zu Beginn aus ihrem Kreis einen Sprecher und einen Koordinator. Der Koordinator sollte die Sitzungen leiten und organisieren; diese Aufgabe wurde jedoch gleich zu Beginn der Modelllaufzeit bis zu ihrem Ende an einen externen Moderator vergeben. Der Sprecher war für die Kommunikation des Beteiligungsrates mit der Öffentlichkeit und den Medien, der Verwaltung und der Stadtverordnetenversammlung zuständig.

Zur Herstellung seiner Arbeitsfähigkeit wurde zu Beginn der Arbeit des Beteiligungsrates eine Geschäftsordnung erarbeitet. Darin wurde unter anderem geregelt, dass bei Abstimmungen innerhalb des Beteiligungsrates nach Möglichkeit Konsensentscheidungen anzustreben sind. Sofern dies nicht gelingt, soll das Prinzip der einfachen Mehrheit gelten.

Arbeitsschwerpunkte 2013 – 2016

Da die Aufgaben und die Rolle des Beteiligungsrates nur sehr grob beschrieben und damit nur vage vorgegeben waren, stellten sich die neu zusammengekommenen Mitglieder zunächst der Aufgabe, das Selbstverständnis, die Ziele, die Aufgaben und die Arbeitsweise des Beteiligungsrates zu erörtern und festzulegen. Die als „fruchtbar", aber teils auch „mühselig" beschriebenen Diskussionen mündeten in eine Geschäftsordnung. Aber auch nach Verständigung auf diese strukturellen Grundlagen blieben Fragen nach dem Rollenverständnis und dem Aufgabenprofil des Beteiligungsrates ein häufig aufgerufenes Thema, das vor allem dann thematisiert werden musste, wenn das ehrenamtliche Engagement an personelle, zeitliche und strukturelle Grenzen stieß.

Von Beginn an gehörte zudem die kritische wie konstruktive Begleitung und Beratung der Arbeit der WerkStadt zu den Hauptaufgaben. Dies betraf vor allem die Beschäftigung mit deren Zeit- und Aufgabenplan sowie deren Organisationsstruktur und Arbeitsweise.

Einen besonderen Schwerpunkt bildete die Auseinandersetzung mit laufenden Beteiligungsprozessen. Diskutiert wurden in diesem Zusammenhang Kriterien zur Auswahl von Beteiligungsverfahren und deren plausibler Anwendung sowie Möglichkeiten ihrer formalisierten Dokumentation. Intensiv befasste sich der Beteiligungsrat vor allen in 2015 und 2016 mit zwei großen Beteiligungsprozessen:

- Leitbildprozess: Der Beteiligungsrat begleitet die bereits 2014 initiierte Erstellung eines Leitbildes für die Weiterentwicklung der Stadt Potsdam nicht nur im Lenkungsgremium und in der ausführenden Projektgruppe, sondern einzelne Mitglieder nahmen darüber hinaus an einem Großteil der mit der Leitbilderstellung verbundenen öffentlichen Veranstaltungen teil. Die dort gesammelten Eindrücke wurden in den Sitzungen des Beteiligungsrates reflektiert und auf der Grundlage der Grundsätze der Bürgerbeteiligung geprüft. Daraus resultierende Anregungen und Bedenken wurden in die zuständigen Gremien zurückgegeben.

- Dialog- und Beteiligungsverfahren „Plantage I Garnisonkirche I Rechenzentrum: Der Beteiligungsrat nahm an einem Großteil der Veranstaltungen zur städtebaulichen (Weiter)Entwicklung des Innenstadtareals zwischen Breiter Straße, Dortustraße und Yorckstraße teil. In einem Schreiben an den Oberbürgermeister wurde auf die Einhaltung der Grundsätze der Bürgerbeteiligung gedrungen. Mitglieder des Beteiligungsrates standen der mit der Durchführung des Dialog- und Beteiligungsverfahrens beauftragten Büros begleitend zur Verfügung.

Schließlich beschäftigte sich der Beteiligungsrat zunehmend mit Beteiligungsinitiativen, die aus der Stadtgesellschaft an die WerkStadt herantraten. Mehr oder weniger regelmäßig wurden Initiativen, u.a. Initiative Musikervierte und Kulturlobby in die Sitzungen des Beirats eingeladen, um ihre Ziele und Anliegen vorzustellen.

Angesichts der knappen Ressourcen wurde sich gegen eine eigenständige Öffentlichkeitsarbeit entschieden. Vielmehr sollte darauf hingewirkt werden, dass das Selbstverständnis, die Anliegen und die aktuellen Themen des Beteiligungsrates im Rahmen der Öffentlichkeitsarbeit zum Modellprojekt mitkommuniziert werden.

4.3.3 Die Grundsätze für Bürgerbeteiligung

Auf der Open-Space-Konferenz im Oktober 2011 wurden von den Teilnehmenden
die Grundsätze für Bürgerbeteiligung entwickelt. Die folgenden sieben Grundsätze haben handlungsleitenden Charakter für den Umgang aller mit der
Bürgerbeteiligung befassten Akteure und Akteursgruppen:

1. Verbindlichkeit

Die Bürger/innen brauchen die Gewissheit, dass ihre Vorschläge und Beiträge
von der Stadtpolitik und Stadtverwaltung Gehör finden und auch ernstgenom-
men werden. Bürgerbeteiligung als Ergänzung zu den bestehenden Formen
der repräsentativen Demokratie braucht demnach eine verbindlich festge-
legte Grundlage. Dazu sollte es zunächst einen grundsätzlichen Beschluss
der Stadtverordnetenversammlung geben, der die Verbindlichkeit von Beteiligungsverfahren regelt. Für einzelne Beteiligungsverfahren (z.B. Workshops,
Werkstattverfahren, usw.) braucht es einen Handlungsrahmen (z.B. durch
Kooperationsvereinbarungen), der beschreibt, welche Einflussmöglichkei-
ten konkret bestehen und welche nicht. Eine klare Verbindlichkeit erhöht die
Akzeptanz und Bereitschaft zur Beteiligung.

2. Frühzeitige Einbindung

Eine frühzeitige Einbeziehung der Einwohner/innen fehlt derzeit oftmals, ist
jedoch erstrebenswert, damit Entscheidungen zu Fragestellungen gemeinsam
erarbeitet werden und nicht im Nachhinein über schon beschlossene Sachver-
halte debattiert wird.

3. Informationsbereitstellung

Um eine Diskussion auf Augenhöhe führen zu können, ist eine umfassende
Information über alle Belange zu der jeweiligen Fragestellung unerlässlich. Alle
relevanten Informationen sollen daher in einem frühen Stadium bereitgestellt und
verständlich aufbereitet werden. Dabei ist auf einen gegenseitigen Informationsfluss zu achten, bei dem auch die Verwaltung und die Politik Kenntnisse über
die Diskussion im Beteiligungsverfahren bekommen, die ähnlich verständlich
aufbereitet werden müssen. Der Zugang zu Informationen soll ohne Barrieren
möglich sein.

4. Kommunikation

Die Kommunikationsform soll offen, direkt, persönlich und proaktiv/initiativ sein.
Die Umgangsformen in Beteiligungsverfahren sollen sachlich und konstruktiv

sein. Dabei sollen Vorwürfe vermieden und es soll einander gegenseitig ohne Misstrauen begegnet werden. Verschiedene Sichtweisen auf ein Thema sollen gleichberechtigt behandelt werden. Alle Beteiligten sollen mit ihren Bedürfnissen wahrgenommen, anerkannt und ernst genommen werden.

5. Aktivierung

Bürgerbeteiligung setzt die Einbeziehung von möglichst vielen Interessierten voraus. Das Ziel muss sein, nicht über, sondern mit den Menschen in den Dialog über ihre Wünsche, Vorstellungen und Ideen zu treten. Dabei sollen alle mitgenommen werden. Je nach Thema, Gruppe der Betroffenen und Fragestellung sind dafür unterschiedliche Herangehensweisen und Ansätze im Verfahren zu überlegen. Die Hindernisse sich einzubringen (mangelnde Zeit, eingeschränkte Mobilität, Sprachhemmnisse, Kenntnisstand) sollen abgebaut werden.

6. Anerkennungskultur

Die an Beteiligungsverfahren beteiligten Personen aus Verwaltung, Bürgerschaft und Politik sollten eine gemeinsame Kultur der Anerkennung und Wertschätzung entwickeln. So sollte z.B. das Engagement von Mitarbeiter/innen aus der Stadtverwaltung auch innerhalb der Verwaltung Anerkennung finden.

7. Gleichbehandlung

Alle Bevölkerungsgruppen sollen gleichberechtigt in Beteiligungsverfahren einbezogen werden. Bürgerbeteiligung soll so zur Einwohner/innen-Beteiligung werden. Eine gleichberechtigte Beteiligung muss darauf abzielen, dass alle Einwohner/innen der Stadt unabhängig von Herkunft, Einkommen, Geschlecht, Alter, Sprachfähigkeit die gleichen Chancen haben, sich in die Gestaltung ihres direkten Lebensumfeldes einzubringen. Dazu müssen die Strukturen der Beteiligung darauf ausgerichtet sein, benachteiligte Gruppen – wie zum Beispiel Jugendliche, Senior/innen, Nicht-Deutsche-Staatsbürger/innen etc. – verstärkt einzubeziehen und ihnen den Zugang zu Möglichkeiten der Teilhabe zu erleichtern

Die Grundsätze sind Bestandteil des Stadtverordnetenbeschlusses „'Büro für Bürgerbeteiligung' und ‚Beteiligungsrat' der Landeshauptstad Potsdam" 12/ SV/0539 und wurden mit drei Enthaltungen am 12. September 2012 beschlossen.

5. *Ergebnisse und Empfehlungen der Evaluation*

Die Landeshauptstadt Potsdam will mit dem Modellprojekt „mehr Beteiligung wagen". Das „Mehr" bezieht sich hierbei nicht nur auf eine größere Anzahl an Beteiligungsverfahren, sondern wird darüber hinaus als qualitative Weiterentwicklung einer kommunalen Beteiligungskultur verstanden. So sollte der „Ausbau der Beteiligung institutionell noch stärker abgesichert werden" (Jakobs 2016, S. 12) und „Bürgerbeteiligung strukturell verankert werden" (a.a.O.). Das Modellprojekt zielt somit auf qualitätsvollere Projekte und verbesserte Kommunikationsprozesse. Damit verfolgte es einen hohen Anspruch und ambitionierte Ziele.

Diese Ziele verlangten von allen Beteiligten viel Zeit, hohes Engagement, große Kompromissbereitschaft und erhebliche Offenheit. Gleichzeitig setzte das Modellprojekt umfangreiches (Erfahrungs-)Wissen und spezifische Kompetenzen voraus sowie die Bereitschaft, die eigene Rolle in Frage zu stellen und neu auszurichten. Alle Beteiligten mussten sich schnell und gut in das Modellvorhaben und die neuen Strukturen einarbeiten und dort zurechtfinden, um in der dreijährigen Modellprojektlaufzeit erste sichtbare Ergebnisse erzielen und in der Potsdamer Öffentlichkeit wahrgenommen werden zu können. Dieser hohe Anspruch auf der einen Seite und fehlende Referenzprojekte und übertragbare Erfahrungen auf der anderen Seite machten das Modellprojekt zu einem besonderen gemeinsamen Lernprozess und betonen seinen experimentellen Charakter.

Die Darstellung der Evaluationsergebnisse und der darauf aufbauenden Handlungsempfehlungen der Evaluation erfolgt in vier Schritten. Zunächst werden die Befunde für das gesamte Modellvorhaben vorgestellt (vgl. 5.1). Daran schließen sich die Evaluationsergebnisse und Handlungsempfehlungen für die drei Bausteine an, die WerkStadt für Beteiligung (WfB) (vgl. Kap. 5.2), den Beteiligungsrat (BR) (vgl. Kap 5.3) und die Grundsätze für Bürgerbeteiligung in Potsdam (vgl. Kap 5.4).

5.1 Das Modellvorhaben

5.1.1 Ergebnisse der Evaluation

Das Modellprojekt stand von Beginn an unter hohem Druck. Galt es doch, in dem Modellzeitraum von knapp drei Jahren eine neue experimentelle Organisationstruktur bestehend aus der zweigliedrigen WerkStadt für Beteiligung und dem Beteiligungsrat erst aufzubauen, dann mit Leben zu füllen und schließlich erste sichtbare Spuren in der Potsdamer Bürgerbeteiligung zu hinterlassen. Für diese neue Organisationsform und Arbeitsweise gab es keine Vorbilder oder Erfahrungen, auf die zurückgegriffen werden konnte. Alles musste erstmals entwickelt, erprobt, reflektiert und weiterentwickelt werden. Dabei stellte das Modellprojekt kein geschlossenes Labor dar, in dem die Beteiligten in einem geschützten Raum Erfahrungen sammeln konnten. Vielmehr mussten die Akteure des Modellprojekts von Beginn an in den Beteiligungsprozessen der Landeshauptstadt Potsdam nicht nur sichtbare, sondern auch handelnde Akteure sein. Dabei sollten bzw. mussten sie von Anfang an als kompetente Partner auftreten, Kooperationsbereitschaft signalisieren und ohne größere Aufwärmphase in die oft schon laufenden Beteiligungsprojekte einsteigen. Zudem war die Umsetzung des Modellvorhabens mit dem hohen Anspruch verbunden „mehr Beteiligung zu wagen", das heißt, es galt Denkbarrieren zu überwinden, innovative Konzepte zu erproben und neue Wege zu gehen. Erreicht werden sollte eine qualitativ bessere Bürgerbeteiligung; einherzugehen hatte dies mit veränderten und verbesserten kommunalen Kommunikationsprozessen. Vier Aspekte standen dabei zusammengefasst im Vordergrund:

- Der Verwaltung sollten Ängste genommen werden,

- die Verwaltung sollte sprechfähig werden,

- die Bevölkerung sollte aktiviert werden und

- die Beteiligungsangebote sollten verbessert werden.

Diese Ziele verlangten von allen Beteiligten von Beginn des Modellprojekts an viel Zeit, hohes Engagement, große Kompromissbereitschaft und erhebliche Offenheit. Ablesbar ist an diesen Anforderungen bereits die sich im Verlauf der Modellphase bestätigende wichtige Rolle der handelnden Personen. Alle Beteiligten mussten sich schnell und gut einarbeiten, um in der dreijährigen Modellphase erste erfolgreiche Ergebnisse erzielen und in der Potsdamer Öffentlichkeit wahrgenommen werden zu können. Zudem mussten alle bereit sein, die eigene Rolle in Frage zu stellen und gegebenenfalls neu auszurichten. Dies ist – nicht nur aus Sicht der Evaluation – ein spannendes Experiment und kann als ungewöhnlicher und mutiger Weg bezeichnet werden.

Für die Evaluation waren vor allem folgende, das gesamte Modellvorhaben betreffende Forschungsfragen relevant:

* Gelang die Umsetzung des Modellprojekts und konnten die Ziele erreicht werden?

* Wie entwickelten sich die drei Bausteine des Modellprojekts in der Modellaufzeit? Wurden sie (gleichermaßen) akzeptiert und wertgeschätzt? Gelang ihre angestrebte Verzahnung?

* Was beförderte und was hemmte die Entwicklung des Modellprojekts?

* An welchen Stellen wurde nachgebessert, um den Erfolg des Projektes zu befördern?

* Reichten die vorhandenen Ressourcen für die Aufgaben aus? Wo ergaben sich Engpässe? Wie wurde damit umgegangen?

* Ist eine Veränderung im Beteiligungsverständnis der unterschiedlichen Akteursgruppen erkennbar? Konnte das Modellprojekt eine kommunale Beteiligungskultur etablieren?

Um das Modellprojekt bewerten zu können, wurden abgeleitet aus dem Evaluationsverständnis mehrere Zugänge gewählt. Auf der einen Seite waren alle Beteiligten in regelmäßigen Abständen (jeweils zu Beginn der Reflexionsworkshops; vgl. 3.4) aufgefordert, persönliche Einschätzungen zum Stand des Modellvorhabens abzugeben. Zudem wurden in den beiden Interviewrunden zu Beginn und am Ende der Modellphase die Gesprächspartner/innen gleichfalls um eine Einschätzung gebeten. Diese vielfältigen Innenperspektiven wurden ergänzt um die Ergebnisse aus den Gesprächen, Interviews, der beobachtenden Teilnahme und der Auswertung weiterer Unterlagen. Erst auf Grundlage dieser im Folgenden ausgeführten doppelten Perspektive lassen sich das Modellprojekt, sein Erfolg und seine Schwierigkeiten bewerten und Nachsteuerungsbedarfe sowie Schlussfolgerungen ableiten.

Innenperspektive: Wie schätzen die Beteiligten ihre Arbeit im Modellprojekt ein?

Zu Beginn jeder der fünf Reflexionsrunden wurden alle Teilnehmenden gebeten, auf einer Pinnwand den aktuellen Stand des Modellprojekts aus ihrer persönlichen Perspektive zu bewerten. Folgende Aspekte sollten mit Blick auf das Modellprojekt mit Noten von 1 (sehr gut) bis 6 (ungenügend) beurteilt werden: die eigene Motivation, der Informationsfluss, die Transparenz des Prozesses, die Zusammenarbeit der Beteiligten, die Bekanntheit in der Öffentlichkeit sowie die Stimmung im Projekt. Die Ergebnisse lieferten jeweils eine Momentaufnahme, die anschließend diskutiert wurde. In ihrer Zusammenschau über die gesamte Laufzeit des Modellprojekts bieten sie einen Einblick in den Verlauf und die Dynamik des Projekts. Die Bewertungen in den fünf Reflexionsrunden ergaben zusammenfassend betrachtet folgendes Bild:

* Die eigene Motivation wurde während der gesamten Laufzeit des Modellprojekts sehr unterschiedlich beurteilt. Zum Ende liegt sie höher als in der mittleren Arbeitsphase. Die durchgängig breite Streuung der Werte spiegelt die unterschiedlichen Erfahrungen aber auch Perspektiven der einzelnen Beteiligten (Werkstadt, Beteiligungsrat, Verwaltung) im Modellprojekt wider. Sie verweist auf die Bedeutung der unterschiedlichen Sichtweisen.

* Am Ende des Modellprojekts werden die in der mittleren Phase niedriger bewerteten Aspekte „Informationsfluss" und „Transparenz", die inhaltlich zusammen zu betrachten sind, besser bewertet. Bei Werten zwischen gut und mangelhaft wird der Informationsfluss überwiegend als befriedigend eingeschätzt. Die Transparenz des Modellvorhabens wird insgesamt etwas positiver bewertet. Im Vergleich zu den anderen abgefragten Aspekten werden Transparenz und Informationsfluss jedoch kritischer eingeschätzt. Dies könnte eine Folge der im Modellvorhaben länger schwelenden Konflikte zwischen der WerkStadt für Beteiligung und dem Beteiligungsrat um die Weitergabe von Informationen und die Offenlegung der Arbeitsschwerpunkte der WerkStadt sein. Der Beteiligungsrat kritisierte vor allem in der Mitte des Modellprojekts den aus seiner Sicht unzureichenden Informationsfluss, die fehlende Verbindlichkeit der Zusammenarbeit und damit auch die fehlende Transparenz der Arbeit der WerkStadt für Beteiligung.

* Die Zusammenarbeit wird – wie die meisten der abgefragten Aspekte – ebenfalls zum Ende der Modellphase deutlich besser bewertet. Die in den

ersten Workshops durchgängig schlechter bewertete Zusammenarbeit scheint zum Ende neuen Schwung genommen zu haben.

- Wie zu erwarten war, wird die Bekanntheit des Modellprojekts im Verlauf der Evaluation immer positiver beurteilt. Die Bewertungen streuen zwar zwischen gut bis mangelhaft, ein Schwerpunkt liegt gleichwohl auf befriedigend bis gut. D.h. der eingeschlagene Weg der Öffentlichkeitsarbeit zeigt aus Sicht der Teilnehmenden Ergebnisse und wird als richtig wahrgenommen.

- Die Stimmung wird zum Ende insgesamt positiv bewertet (sehr gut bis befriedigend) und erhält im Vergleich aller Runden am Ende die beste Bewertung. Dieses Ergebnis korrespondiert mit der gleichfalls besseren Bewertung der Zusammenarbeit. Dies lässt darauf schließen, dass es gelungen ist, die Zusammenarbeit kontinuierlich auf tragfähige Beine zu stellen – ein guter Ausgangspunkt für die Fortsetzung der Strukturierten Bürgerbeteiligung.

Insgesamt zeigt die Innenperspektive eine positive, aber nicht überschwängliche Einschätzung. Das Modellprojekt konnte sich aus der Perspektive des engeren Kreises der Beteiligten konsolidieren. Auf der einen Seite wurden die Stimmung und die Zusammenarbeit ebenso wie die mittlerweile erreichte öffentliche Wirkung positiv bewertet. Auf der anderen Seite wurden gleichzeitig Probleme (Transparenz, Informationsfluss) wahrgenommen. Diese Aspekte finden sich in den Erkenntnissen der Evaluatorinnen wieder und wurden in die Bewertung einbezogen.

Ergänzt wird diese Innenperspektive um eine Einschätzung und Bewertung projektrelevanter Qualitätskriterien, die in den Interviews zu Beginn und am Ende des Modellprojekts in Form eines Spinnendiagrammes erfragt wurden. Die Interviewpartnerinnen und -partner wurden am Ende des jeweiligen Gesprächs um eine konkrete Bewertung – entlang von quantifizierbaren Antwortvorgaben – folgender Aspekte des Modellprojekts gebeten: Transparenz: Ziele und Verwendung der Ergebnisse sind mir bekannt, eindeutig und klar; Augenhöhe: Möglichkeit, sich in das Modellprojekt einzubringen, sind für alle gleich; Fairness: Dialoge und Diskussionen verlaufen nach fairen Regeln, der Umgang untereinander ist respektvoll; Gleichheit: Ausreichende Möglichkeit für alle, Themensetzung und inhaltliche Schwerpunkte mitzubestimmen; Information: Die vorliegenden Informationen sind verständlich und ausreichend und insgesamt: Zufriedenheit mit dem Modellprojekt.

Die Werte (1 = sehr stark ausgeprägt; 5 = sehr schwach ausgeprägt) wurden in einem Netzdiagramm (auch Spinnennetzdiagramm oder Radardiagramm genannt) grafisch dargestellt. Dabei ergab sich kurz zusammengefasst folgendes Ergebnis:

- Insgesamt wird das Modellprojekt zum Ende seiner Laufzeit besser bewertet als zu Beginn. Auffallend ist dabei die zu beiden Zeitpunkten vorhandene breite Streuung der Bewertung. Dies lässt darauf schließen, dass auch hier die breite Mischung der Befragten zu einem sehr ausdifferenzierten Bild der Einschätzungen führt.

- Auch die Bewertung der einzelnen Kriterien geht weit auseinander. Zudem wurden einzelne Aspekte nicht, wie vielleicht zu erwarten gewesen wäre, im Laufe der Modellphase kontinuierlich besser bewertet. Auffallend ist vielmehr, dass die einzelnen Aspekte insgesamt eher zurückhaltend positiv bewertet werden. Die anfängliche Aufbruchsstimmung und die positiven Erwartungen scheinen einer realistischen Einschätzung gewichen zu sein. Der gemeinsame Prozess, vor allem der Aufbau von gegenseitigem Vertrauen, benötigten Zeit. Information, Transparenz, der gleichberechtigte Austausch und eine Zusammenarbeit auf Augenhöhe sind hierbei wichtige Bestandteile, die sich erst entwickeln müssen.

- Auffallend ist, dass „Gleichheit" als Qualitätskriterium des Modellprojekts in beiden Befragungen am niedrigsten bewertet wird. Dies kann als Hinweis auf die strukturell unterschiedlichen Zugänge der einzelnen Akteure gedeutet werden. Nicht nur verfügen sie über unterschiedliche Ressourcen aufgrund von ehrenamtlicher oder bezahlter Arbeit und über unterschiedliche Erfahrungen und Kenntnisse zu Bürgerbeteiligung. Die Beteiligten der WerkStadt und des Beteiligungsrates haben zudem verschiedene Möglichkeiten einer eigenständigen Gestaltung der Arbeit, es bestehen Abhängigkeiten. Die gesunkene Bewertung der „Fairness" deutet gleichfalls in diese Richtung. Ungleichheiten und Abhängigkeiten wurden im Laufe der Modellphase deutlicher wahrgenommen und diskutiert. Nicht jeder Konflikt konnte zur Zufriedenheit aller gelöst werden, auch wenn sich Transparenz und Information aus Perspektive der Interviewten zum Ende positiv entwickelt haben.

Damit fällt die Innenperspektive auf das Modellvorhaben insgesamt durchaus selbstkritisch aus. Strittig und kritisch bewertete Kriterien wie ungleiche Zugänge und Ressourcen auf der einen Seite und zu verbessernde Transparenz und Informationsweitergabe auf der anderen Seite verweisen auf strukturelle

Aspekte, die von der Evaluation intensiver betrachtet und in den gemeinsamen Reflexionsprozessen ausführlich diskutiert wurden.

Perspektive der Evaluation

Von allen Akteursgruppen wird – bezogen auf die Bürgerbeteiligung in Potsdam – für das Modellprojekt eine weitgehend positive Bilanz gezogen: Das Modellprojekt hat – so die übereinstimmende Einschätzung – in Sachen Bürgerbeteiligung in Potsdam etwas bewegt. Die drei Säulen des Modellprojekts werden nicht in Frage gestellt, sie werden als Einheit wahrgenommen und als wichtiger Schritt zu mehr Beteiligung erlebt. Die in einigen Gesprächen genannte anfängliche Skepsis gegenüber der Konstruktion oder den handelenden Personen konnte größtenteils ausgeräumt werden.

Die Leitungsebene der Verwaltung schätzt das Modellprojekt als Signal für eine neue Ausrichtung der kommunalen Bürgerbeteiligung und hebt in diesem Zusammenhang seine auch über Potsdam hinausgehende Wirkung hervor. Der Ansatz wird als Alleinstellungsmerkmal in der bundesweiten kommunalen Bürgerbeteiligung gewürdigt. Die Arbeitsebene der Verwaltung nimmt die WerkStadt für Beteiligung als kompetente Partnerin wahr. Die Zusammenarbeit gilt als Entlastung für die Verwaltung. Geschätzt wird die Unterstützung der WerkStadt vor allem bei als schwierig eingeschätzten Beteiligungsprojekten. Im Ergebnis dieser Unterstützung und Kooperation gewannen die Mitarbeiterinnen und Mitarbeiter der Verwaltung Sicherheit im Umgang mit herausfordernden Beteiligungsprozessen. Auch die Stadtgesellschaft akzeptiert die WerkStadt für Beteiligung als Mittlerin zwischen Stadtgesellschaft und Verwaltung und nutzt ihre Beratungs und Unterstützungsangebote zunehmend.

Zu beobachten ist allerdings auch, dass die drei Bausteine des Modellprojekts unterschiedlich wahrgenommen und wertgeschätzt werden. Hierauf wird bei der Betrachtung der einzelnen Bausteine (5.2ff.) genauer einzugehen sein. An dieser Stelle sei jedoch bereits darauf hingewiesen, dass die Grundsätze und der Beteiligungsrat ein wenig im Schatten der WerkStadt für Beteiligung stehen. Deren Bedeutung und die jeweiligen Funktionen und Aufgaben sowie die Verzahnung mit der WerkStadt müssen im weiteren Projektverlauf noch deutlicher herausgearbeitet werden.

Insgesamt konnte das Modellprojekt seine Ziele überwiegend erreichen. Mit Blick auf die einzelnen Zielsetzungen ist es gelungen,

- Ängste zu nehmen: Die Verwaltung nimmt die WerkStadt für Beteiligung nach anfänglichen Irritationen nicht als Konkurrenz wahr, sondern schätzt die zusätzliche Kompetenz und fragt diese auch in wachsendem Maße nach.

- Sprechfähig zu werden: Als besondere Stärke und – für die Verwaltung neu – konnte in Richtung der kritischen Stadtgesellschaft eine kommunikative Brücke hergestellt werden. Damit werden zunehmend auch Gruppen und Initiativen erfolgreich angesprochen, die aus Sicht der Verwaltung als eher schwer erreichbar galten. Die Ansprache und Einbindung von Initiativen gelingt, insbesondere über das Engagement des externen Büros, welches ein unverzichtbares Scharnier (Türöffner) zu den Initiativen ist.

- Bevölkerung zu aktivieren: Erste Schritte in Richtung der Aktivierung bisher sprachloser und/oder nur schwer zu erreichender Bevölkerungsgruppen konnten vor allem vom externen Teil der WerkStadt gegangen werden. Da drei Jahre zu kurz sind, um tiefer greifende Veränderungen initiieren zu können, bedarf es zur Bewertung dieses Zieles auf jeden Fall einer längeren Projektlaufzeit.

- Beteiligungsangebote zu verbessern: Mit dem Modellvorhaben konnte die Beteiligungspraxis in Potsdam gestärkt und verbessert werden. Die fachliche Expertise und Kompetenz der WerkStadt führte zu einer Qualifizierung der Beteiligungsangebote durch neue Konzepte und eine Erweiterung der Formate, mit denen vielfältige Adressaten erreicht wurden und auch in konfliktreichen Beteiligungen neue Wege gegangen werden konnten. Zudem führte die aktive Mitarbeit des Beteiligungsrates an ausgewählten konkreten Beteiligungsverfahren dazu, dass Erfahrungen und Einschätzungen von Bürger/innen mit der Beteiligungspraxis direkt in diese Verfahren einfließen konnten.

Von der Kommunalpolitik wurde das Modellvorhaben während der Modelllaufzeit allerdings nur rudimentär zur Kenntnis genommen. Das Interesse an dem Modellprojekt war von Seiten der Fraktionen und der Stadtverordnetenversammlung eher gering. Die noch sehr zurückhaltende Aufnahme und Diskussion des Modellprojekts in der Politik und die erst in Ansätzen umgesetzte strukturelle Veränderung der Beteiligungskultur in Potsdam legen den Schluss nahe, dass Bürgerbeteiligung in Potsdam noch eine Spielwiese ist, auf der sich die unterschiedlichen Akteure im Rahmen von verschiedenen Beteiligungsprojekten tummeln. Das Modellprojekt ergreift zwar die richtigen Maßnahmen zum Aufbau einer strukturierten Bürgerbeteiligung und einer kommunalen Beteiligungskultur, doch reichte die dreijährige Laufzeit nicht aus, um strukturierende

Bausteine einer Beteiligungskultur zu entwickeln und zu verankern. Nur durch eine Fortführung des Projekts, die Raum lässt für eine stärkere Strukturierung, Konkretisierung und Fokussierung, können die eingeschlagenen Wege erfolgreich weitergeführt werden.

Wichtigste Ergebnisse:

- Das Experiment „Strukturierte Bürgerbeteiligung in Potsdam" verlief erfolgreich. Das Modellvorhaben konnte viele seiner Ziele erreichen.

- Die drei Säulen des Modellprojekts haben sich bewährt und werden als Einheit wahrgenommen.

- Während das Modellprojekt von Verwaltung und die Stadtgesellschaft anerkannt, wertgeschätzt und genutzt wird, wird es von der Kommunalpolitik nur vage zur Kenntnis genommen und eher wenig beachtet.

- Zwar konnte in der Modelllaufzeit der Aufbau der komplexen Organisation des Modellprojekts erfolgreich umgesetzt werden. Die Entwicklung und Verankerung strukturierender Bausteine einer Beteiligungskultur konnte in diesem Zeitraum allerdings nicht vorgenommen und zum Abschluss gebracht werden.

- Das Modellprojekt befindet sich zum Ende der Modelllaufzeit „noch mitten im Prozess". Wenngleich der Kurs mit Blick auf die Ziele gehalten wird, bedarf die Umsetzung einer stärkeren Strukturierung, Konkretisierung und Fokussierung.

5.1.2 Empfehlungen zur Weiterentwicklung der Modellvorhabens

Die Evaluation kommt zu dem Schluss, dass das Modellprojekt auf der Grundlage seines gelungenen Starts und erfolgreichen Verlaufs mit allen drei Säulen fortgeführt werden sollte. Alle drei Säulen sollten in der nächsten Arbeitsphase weiterentwickelt und nachjustiert werden. Stärkere Strukturierung, Konkretisierung und Fokussierung sollten dabei die handlungsleitenden Stichworte sein.

Für die Fortführung des Projekts „Strukturierte Bürgerbeteiligung in Potsdam"
empfiehlt die Evaluation im Einzelnen:

- Strukturierte Bürgerbeteiligungreloaded: Die Strukturierte Beteiligung in Potsdam benötigt für die folgende Arbeitsphase einen gut geplanten Neustart,
damit die Fortführung gelingt. Alle drei Bausteine des Projekts sind weiter
zu qualifizieren und hinsichtlich ihrer Aufgaben und Rollen zu schärfen, um
ihre volle Wirkung entfalten zu können. Die Schwerpunkte der Arbeit sind
inhaltlich zu erweitern. Vor allem die WerkStadt für Beteiligung sollte neben
der Prozess- auch die Strukturarbeit zu einem Schwerpunkt machen. Geklärt
werden sollte in diesem Zusammenhang auch das Verhältnis der Bausteine
zueinander sowie die Aufgaben- und Rollenteilung. Auf der Grundlage eines gemeinsamen Arbeitsverständnisses und eines intensiven Austausches
sollte das interne Büro federführend die Strukturierung und Standardisierung der Bürgerbeteiligung weiterentwickeln. Auf der Agenda des externen
Büros sollte die Aktivierung von für die Verwaltung schwer erreichbaren
Gruppen und Personen ausgebaut werden, während der Beteiligungsrat einen Schwerpunkt auf die Begleitung von Beteiligungsprozessen legt.
Besondere Aufmerksamkeit sollte dabei nach wie vor den Schnittstellen
und dem Zusammenwirken der verschiedenen Bausteine zukommen.

- Alle Beteiligten haben sich in der Modelllaufzeit umfangreiches Wissen
angeeignet, das unschätzbar für die Fortführung des Modellprojekts ist. An
der personellen und institutionellen Besetzung der WerkStadt für Beteiligung
sollte daher keine Änderung vorgenommen werden. Auch mit Blick auf den
Beteiligungsrat wäre wünschens- und empfehlenswert, dass sich das Gremium
nicht gänzlich neu zusammensetzt und der Übergang sorgfältig gestaltet wird.

- Die Etablierung einer strukturierten Bürgerbeteiligung im Sinne einer neuen
Beteiligungskultur setzt neben dem Aufbau tragfähiger Organisationsstrukturen, neben kompetenten handelnden Personen und der Unterstützung durch
die Spitzen von Verwaltung und Politik verbindliche Formen der Bürgerbeteiligung voraus. Hierzu sind Spielregeln zu formulieren, geeignete Strukturen aufzubauen sowie entsprechende Formate zu entwickeln und politisch
zu verabschieden. Einige zu Beginn des Modellprojekts geplante Maßnahmen, wie die Einführung eines Beteiligungsatlas, einer Vorhabenliste und
einer Beteiligungssatzung, konnten – auch angesichts der Fülle anderer Aufgaben – nicht umgesetzt werden, teilweise befinden sie sich in Planung oder
im Aufbau. Diese Ansätze sollten fortgeführt und um weitere Bausteine einer
verbindlichen Beteiligung ergänzt werden.

- Standardisierungen und Formalisierungen können auch dazu beitragen, die politische Akzeptanz zu erhöhen. Gleichzeitig ist über neue Formate der Einbindung der Politik nachzudenken. Erst wenn es gelingt, politische Akteure aktiv von Bürgerbeteiligung zu überzeugen, können Verbindlichkeit und Verlässlichkeit als Spielregeln langfristig eingeführt werden.

- Die begleitende Evaluierung bot während der Modelllaufzeit Raum für Reflektion und Verständigung. Sie gab zudem Anstöße, während des laufenden Prozesses nachzusteuern. Dies sollte, in schlanker Form, auch für die Fortführung sichergestellt werden. Es ist zu prüfen, ob und wie eine externe Evaluation verankert werden kann, die zumindest zur Halbzeit und zum Ende der Verlängerungsphase Empfehlungen zum Modellvorhaben ausspricht und ein bis zwei Mal jährlich einen Reflexionsraum für die Beteiligten bietet. Die Stimmen der Stadtöffentlichkeit (Bürgerinitiativen) sollten hierbei berücksichtigt werden und Gegenstand der Evaluation sein. Darüber hinaus sollte in der Verlängerungsphase eine Selbstevaluation der WerkStadt für Beteiligung und des Beteiligungsrates durchgeführt werden.

5.2 Die WerkStadt für Beteiligung

5.2.1 Ergebnisse der Evaluation

Das Potsdamer Modellvorhaben zeichnet sich durch seine experimentelle Erprobung eines innovativen Weges zur institutionellen und strukturellen Verankerung von Bürgerbeteiligung aus. Ausdruck hierfür ist die WerkStadt für Beteiligung mit ihrer zweigliedrigen Struktur, die gleichberechtigt von der Verwaltung und einem freien Träger (mitMachen e.V.) gebildet wird. Bislang gibt es keine vergleichbare Einrichtung bzw. ein in dieser Weise zusammengesetztes Büro für Bürgerbeteiligung in einer deutschen Kommune. In keiner anderen deutschen Stadt wirken bislang Akteure aus der Verwaltung und verwaltungsexterne Akteure verbindlich und auf Augenhöhe für die Bürgerbeteiligung zusammen. Diese Form der engen Kooperation wird nicht ohne Grund nicht umgesetzt und – so zeigen es die Reaktionen auf den Potsdamer Modellansatz – mit Skepsis und Zweifeln betrachtet, verfolgen Verwaltung und freie Träger in der Regel doch unterschiedliche Interessen und ticken jeweils anders. „In Selbstverständnis und Arbeitsstruktur bewegen sich Verwaltung und zivilgesellschaftliche Organisationen oft in zwei verschiedenen Welten" (Jakobs 2016, S. 13).

Es verwundert daher nicht, dass sich mit Blick auf das Modellvorhaben die besondere Aufmerksamkeit von Beginn an auf diese neuartige Struktur richtete. „Würde die Zusammenarbeit mit einem gleichberechtigten Partner, der ja ausdrücklich kein weisungsgebundener Dienstleister sein soll, gelingen", fragt sich der Oberbürgermeister der Landeshauptstadt Potsdam und bringt damit den experimentellen Charakter des Modellvorhabens zum Ausdruck (ders., S. 14).

Um hierauf eine Antwort zu finden, waren für die Evaluation insbesondere folgende Fragen erkenntnisleitend:

- Konnte die innovative Zusammensetzung der WfB tatsächlich in eine tragfähige Struktur überführt werden, die sich auch institutionell etablierte?

- Konnte die WfB die vorgegebenen Ziele und das zugeschriebene Tätigkeitsprofil erfüllen?

- Gelang der Aufbau einer gemeinsamen Arbeitsstruktur? Fanden sich die beteiligten Akteure in ihre (unterschiedlichen) Rolle/n ein? Welche Arbeitsteilungen wurden vorgenommen? An welchen Punkten waren Veränderungen erforderlich? Welche Konflikte traten auf und (wie) wurden diese gelöst?

- Wie ist die finanzielle und personelle Ausstattung der WfB zu beurteilen, auch in Hinblick auf das Aufgabenprofil? Ist dies mit Blick auf den verwaltungsinternen und -externen Teil unterschiedlich zu bewerten?

- Gelang die Zusammenarbeit mit dem Beteiligungsrat? Was funktionierte? Wo traten Probleme auf? Wie wurde damit umgegangen?

- Gelang die Zusammenarbeit mit den Geschäfts- und Fachbereichen der Stadtverwaltung? Wie und mit welchem Selbstverständnis erfolgte die Kooperation zwischen den verantwortlichen Verwaltungsbereichen und der WfB?

- Wie erfolgte die Kooperation zwischen organisierten Bürger/gruppen sowie nichtorganisierten Bürger/innen und der WfB? Wurde die WfB, akzeptiert und genutzt?

Der Versuch des Aufbaus und der Weiterentwicklung einer gleichberechtigten Partnerschaft mit einem Partner, der – im Unterschied zu sonstigen Auftragspartnern der Verwaltung – explizit kein weisungsgebundener Dienstleister ist, stellte ein Wagnis und ein Experiment dar; auf Vorerfahrungen konnte nicht zurückgegriffen werden. Wie können verwaltungsinterne Abläufe mit einem externen Partner geregelt werden? Welche internen Informationen können „nach außen" gegeben werden? Wie kann vor allem bei strittigen Fragen und Konflikten kooperiert werden, wenn für das Personal der WerkStadt zwei Leitungsebenen zuständig sind? Dies sind nur einige der Fragen, auf die im Laufe der Modellphase erste Antworten gefunden werden mussten. Hierbei mussten die Potsdamer Akteure den Weg zur Arbeitsfähigkeit der WerkStadt eigenständig finden und selbst ebnen. Viele der im Prozess auftauchenden Fragen konnten im Vorfeld bei der Erarbeitung des grundlegenden Konzeptes nicht berücksichtigt werden, da sie schlichtweg nicht vorhersehbar waren. Dabei beruht die Idee, Verwaltung und Zivilgesellschaft organisatorisch zusammenzuführen, auf einem Anliegen, das viele Kommunen mit Blick auf Bürgerbeteiligung beschäftigt. Die Suche nach einem Zugang zu jenen Gruppen und Bürgerinitiativen, die sich zwar für ihre Stadt und deren Entwicklung engagieren, in der Regel jedoch dem Vorgehen der Verwaltung und damit städtischen Entwicklungsprozessen ausgesprochen kritisch bis ablehnend gegenüberstehen, erweist sich vielerorts als schwierig. Kommunikation ist kaum möglich, die Sprechfähigkeit der Verwaltung nicht mehr gegeben. Viele Kommunen mussten in den letzten Jahren die Erfahrung machen, dass sich Stadtentwicklung zunehmend schwieriger bewerkstelligen lässt. Geplante und bereits beschlossene Projekte konnten aufgrund von Bürgerprotesten bis hin zu Bürgerbegehren und -entscheiden teilweise nicht realisiert werden und fuhren gegen die Wand.

Mit dem Modellvorhaben beschreitet Potsdam mutig einen neuen Weg der Kommunikation und des Austauschs mit Vertreter/innen der Zivilgesellschaft, um im Ergebnis nicht nur deren Perspektiven besser kennenzulernen und berücksichtigen zu können, sondern auch um gemeinsam eine andere Form der verbindlichen Beteiligungskultur zu entwickeln. Über die Einbindung eines in der Initiativlandschaft verwurzelten Trägers sollte es gelingen, die Kommunikation zu jenen Teilen der Stadtgesellschaft herzustellen oder wieder aufzubauen, die nicht mehr mit der Stadtverwaltung reden wollten. Der „Gegner" wurde faktisch ins eigene Haus geholt und – noch entscheidender – mit Handlungsmacht ausgestattet. Daher ist es wenig verwunderlich, dass die WfB die Säule des Modellprojekts ist, die im Mittelpunkt der öffentlichen Aufmerksamkeit steht.

Erfolgskriterium: Das Personal – die einzelnen Mitarbeiterinnen und Mitarbeiter der WerkStadt für Beteiligung

Insgesamt zeigen die Ergebnisse der Evaluation, dass das Experiment einer WerkStadt für Beteiligung mit der darin eingebetteten Zusammenarbeit zwischen einem verwaltungsinternem und verwaltungsexternen Akteur erfolgreich gestartet werden konnte und in seinen ersten Jahren gelungen ist. So wird es auch von der Stadtspitze am Ende der Modelllaufzeit formuliert (Jakobs 2016, S. 13). Der Erfolg, so lässt sich aus den Evaluationsergebnissen schließen, liegt hierbei in weiten Teilen bei den handelnden Personen beider Teile der WfB. Sowohl zu Beginn als auch zum Ende der Evaluation führten beinahe alle Befragten die gute Arbeit der WfB explizit auf die handelnden Personen, ihre Professionalität und ihre Authentizität zurück. Diese Einschätzung ist sicherlich auch auf das Konzept des Modellprojekts zurückzuführen, bei dem bewusst auf ein detailliertes Arbeitsprogramm verzichtet wurde. Die Mitarbeiterinnen und Mitarbeiter der WerkStadt waren vielmehr gefordert, sofort ins kalte Wasser zu springen, um erst einmal praktische Erfahrungen zu sammeln, deren Reflektion zum Aufbau tragfähiger Strukturen führen sollte. Dieser teilweise aktionistische Start führte zu einer frühen Wahrnehmung der Beteiligten, barg aber gleichzeitig für die Beteiligten selbst die Gefahr, nicht mehr ausreichend Ressourcen für strukturelle Aufgaben zur Verfügung zu haben; ein Aspekt, auf den an anderer Stelle zurückzukommen sein wird.

Die große Bedeutung der handelnden Personen legt für die Evaluation allerdings auch den Rückschluss nahe, dass die bisher ausgebildeten Strukturen alleine nicht ausreichen, um den Ansatz der strukturierten Bürgerbeteiligung in Potsdam erfolgreich fortzusetzen. Ein Personalwechsel zum jetzigen Zeitpunkt würde das Projekt in Schwierigkeiten bringen. Das bedeutet, dass der erkennbare Spagat zwischen der großen Bedeutung kompetenter und engagierter Mitarbeiterinnen und Mitarbeiter einerseits und tragfähigen und verbindlichen Organisations- und Prozessstrukturen andererseits zukünftig weiter auszugestalten ist.

Breites Aufgabenspektrum und hohe Arbeitsbelastung

Die Definition der Aufgaben der WerkStadt für Beteiligung war von Beginn an weit und umfasste neben der Beratung von Verwaltung und Initiativen, die Begleitung von Beteiligungsprojekten sowie die Entwicklung und Erprobung struktureller Bausteine der Bürgerbeteiligung (vgl. Kap. 4.3.1). Dieses Aufgabenspektrum der WfB erweiterte sich im Laufe der Modellphase kontinuierlich. Der Ausbau der Netzwerkarbeit und die Öffentlichkeitsarbeit sind nur einige der Aufgaben, die hinzukamen. Aufgrund der offen gehaltenen Arbeitsbeschreibung fiel es den Akteuren der WfB gerade in der Anfangszeit nicht leicht, Arbeitsschwerpunkte zu setzen. Die in dem Maße nicht erwarteten Anfragen bezüglich Beratung und Unterstützung, die bereits am Anfang an die WerkStadt gerichtet wurden, führten von Beginn an zu einer hohen Arbeitsbelastung. Die WerkStadt versuchte, möglichst alle Anfragen aufzugreifen und wo immer möglich, konstruktiv und kompetent mitzuarbeiten. Dies war sicherlich auch auf den Erwartungsdruck zurückzuführen, dem sich vor allem die befristet beschäftigten Mitarbeiterinnen und Mitarbeiter des externen Büros gegenüber sahen. Ihre berufliche Zukunft hing direkt mit dem Erfolg des modellhaften Ansatzes der WerkStadt zusammen. Während sie die Konsequenzen eines Scheiterns direkt gespürt hätten, wären für die unbefristet eingestellten Kolleginnen und Kollegen im internen Teil neue Perspektiven und Alternativen gefunden worden. Dies erklärt, weshalb ein Projekt mehr begleitet und zusätzliche Termine in Kauf genommen sowie Ressourcenansätze überschritten wurden. Positiv gewendet, führte dies im Ergebnis aber auch zu der durchgängig guten Rezeption der WerkStadt.

Mit der zunehmenden Etablierung der WerkStadt zeigte sich, dass sie Gefahr lief, sich in der Vielfalt der Ansprüche, Aufgaben und Anfragen, die an sie herangetragen wurden, zu verlieren. Die zur Verfügung stehenden Ressourcen wurden als Einschränkung wahrgenommen und immer wieder thematisiert. Sie führten jedoch nicht in ausreichendem Maß dazu, dass die WerkStadt Schwerpunkte formulierte und als deren Ergebnis einen Teil der Aufgaben entweder an andere delegierte oder sie mit Verweis auf unzureichende Ressourcen nicht übernahm. Das hohe Engagement, das dem Selbstverständnis der jungen Mitarbeiterinnen und Mitarbeiter der WfB entsprach, führte vor allem beim verwaltungsexternen Teil der WfB zu erheblicher Arbeitsüberlastung.

Ziel erreicht I: Kompetent unterstützend und kooperativ vernetzt in Richtung Verwaltung

Die in der Modellphase erreichten Resultate der Arbeit der WerkStadt sind umfangreich und beachtlich (vgl. Kap. 4.3.1). Dies betrifft beide Handlungsfelder der WerkStadt: Verwaltung und Zivilgesellschaft.

In Richtung Verwaltung konnten tragfähige Vernetzungs- und Kooperationsstrukturen aufgebaut werden. Im Fokus standen in der Modelllaufzeit die Unterstützung und Entlastung der Verwaltung in Sachen Bürgerbeteiligung. Mit der Einrichtung der WfB wurde in der Verwaltung eine neue Einheit geschaffen, die entweder „zwischen den Stühlen" landen oder als gelungener Drahtseilakt funktionieren konnte. In den Interviews zeigte sich die anfängliche Skepsis deutlich. Vor allem die Bündelung des Themas Bürgerbeteiligung in einer Stabsstelle wurde kritisch kommentiert. Betont wurde, dass es wichtig sei, die Fachlichkeit in den entsprechenden Verwaltungen vorzuhalten.

Trotz dieser Vorbehalte wurden die Erfahrungen einer Zusammenarbeit mit der WfB durchgängig als positiv beschrieben, die gewählte Struktur überzeugte. Vor allem das interne Büro konnte sich als Anlaufstelle etablieren, die die Mitarbeiterinnen und Mitarbeiter der Verwaltung bei anstehenden Beteiligungsprozessen umfassend beriet und unterstützte. In den Interviews wurde deutlich, dass die Fachkompetenz der WfB nicht nur anerkannt, sondern zunehmend auch genutzt wurde und somit eine Qualifizierung der Beteiligungsprojekte erreicht werden konnte. Aber auch das externe Büro wurde zu einem wichtigen Ansprechpartner für die Verwaltung, da es über notwendige Informationen zu den anzusprechenden Bürger/innen verfügte, wichtige Erfahrungen vermitteln und der Verwaltung zu bisher nicht erreichten Gruppen „die Tür öffnen" konnte. In den Gesprächen wurden als Nutzen für die Verwaltung vor allem zwei Aspekte hervorgehoben: Die WfB ermöglicht einen Zugang zu Bürgergruppen, die mit der Verwaltung nicht reden (wollen) und sie organisiert die Ansprache und Aktivierung bislang wenig engagierter Gruppen und Personen. Diese Ansprache des externen Büros wird von den Beteiligten als Ausdruck von Akzeptanz und Anerkennung begrüßt. Sie führte aber gleichzeitig zu weiteren Ressourcenengpässen und erforderte eine noch engere Abstimmung zwischen interner und externer WerkStadt.

Die Ergebnisse der Interviews mit Akteuren der Verwaltung belegen, dass die WfB vor allem Sicherheit im Umgang mit Bürgerbeteiligung vermittelte. Sicherheit wurde insbesondere dadurch erreicht, dass die WerkStadt als Anlaufstelle und Prellbock gerade bei schwierigen Beteiligungsprozessen der Stadtplanung und -entwicklung fungierte. Durch die Übernahme der Moderation schwieriger Beteiligungsveranstaltungen konnten sich die Zuständigen auf die Erläuterung der Projekte und der geplanten Schritte konzentrieren und mussten nicht auch noch die Dynamik der Veranstaltungen selber moderieren. Dies wurde als große Entlastung beschrieben, die auch zu einem Qualitätsgewinn der Veranstaltungen beigetragen habe. Da die WfB bei schwierigen Projekten bewusst das Gespräch und die Auseinandersetzung mit den beteiligten kritischen Gruppen suchte und teilweise entpolarisierend wirken konnte, entspannte sich das Verhältnis der „übrigen" Verwaltung zur Bürgerbeteiligung. Bürgerbeteiligung konnte teilweise sogar offensiver angegangen werden.

Wenngleich von der Verwaltung als Dienstleistung wahrgenommen, versteht die WerkStadt ihre Unterstützungsarbeit durchaus weitergehend. Die Mitarbeiterinnen und Mitarbeiter der WerkStadt betonen, dass ihre Arbeit auf Gegenseitigkeit beruhe. Unterstützungsleistungen der WfB würden immer auch an die Erwartung gekoppelt, dass der Kooperationspartner einen eigenen Anteil übernehme und das Prinzip Gegenseitigkeit oder „Hilfe zur Selbsthilfe" gelte. Da dieses Arbeitsverständnis bisher aber kaum formalisiert ist, scheint es mehr in den Köpfen der WerkStadt als im Verständnis der Kooperationspartner verankert zu sein.

Ziel erreicht II: Aktivierung und Sprachrohr in die kritische Stadtöffentlichkeit

Die Zusammenarbeit mit zivilgesellschaftlichen Akteuren ist ein weiterer Schwerpunkt der Arbeit der WfB. Hier richtet sich die Aufmerksamkeit vor allem auf die Aktivierung und Unterstützung von Bottom-up-Prozessen. Erreicht werden sollte eine niedrigschwellige Öffnung der WerkStadt und in Folge auch der Verwaltung zur Stadtgesellschaft. Die Befunde der Evaluation zeigen auch hier ein ausgesprochen positives Bild. Der Zugang zu organisierten Bürger/innen bzw. Bürgerinitiativen konnte erfolgreich aufgebaut werden. Hierbei spielten die bereits vorhandenen Kontakte der Mitarbeiterinnen und Mitarbeiter des externen Büros eine besondere Rolle. Sie werden vor allem von vielen Potsdamer Initiativen als vertrauensvolle, verbindliche und authentische Partner wahrgenommen. Die Kommunikation und auch Aktivierung von Bürger/innen, die sich für ihre Anliegen engagieren und in Initiativen zusammenschließen wollen, ist eine besondere Stärke und gewissermaßen das Alleinstellungsmerkmal des Projekts.

Das externe Büro konnte sich als notwendiges Scharnier zwischen Verwaltung und der Bürgerschaft etablieren. Dabei stehen bisher vor allem organisierte oder sich organisierende Gruppen im Vordergrund, da die unmittelbare Ansprache einzelner Menschen eines größeren zeitlichen Vorlaufes bedarf. Wie schwierig Aktivierung von außen zu beurteilen ist, zeigen die unterschiedlichen Einschätzungen in den Interviews. Einige kritisieren, dass diese Aufgabe bisher zu wenig wahrgenommen wurde, andere kritisieren die Fokussierung auf Bürgerinitiativen, die zu einer Vernachlässigung der einzelnen Bürger/innen geführt habe. Die bislang nicht Engagierten müssten intensiver einbezogen werden. Ungeachtet dieser Einschätzungen konnte die WerkStadt aber auch hier wichtige erste Schritte gehen und beispielsweise zur Vernetzung einzelner Bürger/innen sowie zur Gründung neuer Initiativen beitragen. In den Interviews wurde mehrfach herausgestellt, dass der externe Teil die besondere Chance bietet, auf Bürger/innen und Bürgerinitiativen in Situationen und bei Projekten zuzugehen, in denen es entweder nur wenig Interesse an Beteiligung gibt oder aber eine relativ „aufgeregte" und konfliktbehaftete Beteiligung vorherrscht. Vor allen in Konflikten wird das externe Büro als neutral wahrgenommen, es stehe nicht sofort unter dem Verdacht, parteiisch zu sein oder jemanden ausgrenzen zu wollen. Diese Einschätzungen belegen, dass der Ansatz einer intensiven Kooperation mit einem freien Träger, der auf zahlreiche Erfahrungen in der Stadtteilarbeit zurückgreifen kann, einen für die Verwaltung neuen und von ihr selbst nicht zu leistenden Mehrwert bietet.

Eine weitere erfolgreiche Aufgabe der WfB ist in diesem Zusammenhang die Vermittlung von Beteiligungskompetenzen an Initiativen, Vereine und Bürger/innen, die sich aktiv beteiligen wollen. Damit konnten Hürden der Beteiligung abgebaut, Hilfestellung gegeben, Ansprechpartnerinnen und -partner vermittelt und ein niedrigschwelliger Zugang gesichert werden. Auch hier konnten erste Erfahrungen gesammelt werden, die in der nun folgenden Arbeitsphase systematischer aufbereitet werden sollten.

Die Evaluation zeigt, wie wichtig die Funktion des externen Büros als „Frühwarnsystem", Sprachrohr und niedrigschwelliger Ansprechpartner für das Gelingen einer strukturierten Beteiligung in Potsdam ist. Auch wenn einiges erst in Ansätzen sichtbar werden konnte, dürfte das externe Büro ein unverzichtbarer Baustein der zukünftigen Beteiligungskultur in Potsdam sein.

Ziel angedacht: Bausteine einer strukturierten Bürgerbeteiligung verbindlich einführen

Die WfB hat einen dreifachen Auftrag: Sie soll nicht nur Verwaltung und Stadtöffentlichkeit aktivieren, beraten und unterstützen, sondern auch die Kommunikation zwischen Stadtöffentlichkeit und Verwaltung verbessern und gesamtstädtische Strukturen für eine bessere Bürgerbeteiligung aufbauen. Der Start des Modellvorhabens und der notwendige Aufbau der neuen Strukturen führten zwangsläufig dazu, dass in der Modelphase die Schwerpunkte der Arbeit auf den beiden erstgenannten Punkten lagen. Für die Konzeption, Entwicklung und Verankerung verbindlicher Spielregeln der Bürgerbeteiligung reichten die vorhandenen Ressourcen nicht aus.

Zwar sollte die WfB auch zukünftig Beteiligungsprozesse und -projekte begleiten und Verwaltung und Zivilgesellschaft unterstützen. Jedoch sollte im Laufe der Zeit der „Hilfe zur Selbsthilfe" insoweit Rechnung getragen werden, dass sich die WfB zunehmend aus der großen Anzahl der Prozessbegleitungen zurückziehen und diese auf wenige Projekte und Prozesse begrenzen kann. Für den notwendigen Aufbau und die Weiterentwicklung einer verbindlichen kommunalen Beteiligungskultur in Potsdam ist diese Schwerpunktverlagerung auf die Strukturarbeit erforderlich.

Doppelstruktur: erfolgreicher Aufbau – Grenzen erkannt

So erfolgreich die Zusammenarbeit zwischen internem und externem Büro verlief: Die Evaluationsergebnisse zeigen, dass die innovative Doppelstruktur der WfB kein Selbstläufer ist. Die Zusammenarbeit des internen und externen Büros verlief in der Modellphase gut und es konnte eine vertrauensvolle Ebene der Zusammenarbeit entwickelt werden. Enge Kooperationsstrukturen und die Verständigung auf gemeinsame Spielregeln ersetzten die ursprünglich geplante Geschäftsordnung. Dies hatte zur Folge, dass Themen dann besprochen und Probleme dann gelöst werden mussten, wenn sie auftraten.

Immer wieder Anlass für eine Reflexion der Tragfähigkeit der gewählten zweigliedrigen Organisationsstruktur boten die unterschiedlich wahrgenommenen Rahmenbedingungen des internen und externen Büros. Unterschiedlich gestaltet sind beispielsweise die Arbeitsverträge (intern: unbefristet; extern: befristet). Zudem besteht ein implizites Abhängigkeitsverhältnis, da das externe Büro Auftragnehmer der Verwaltung ist. So wird in den Interviews zwischen internem und externem Teil ein Spannungsverhältnis ausgemacht, das mal als schwierig, mal als konstruktiv bewertet wird. Angesichts der unterschiedlichen Verankerung (Verwaltung, freier Träger) verwundern diese Spannungen nicht, sind sie doch auf die grundlegende Struktur des Modellvorhabens zurückzuführen. Das Ringen um Glaubwürdigkeit in Richtung Verwaltung und in Richtung Stadtgesellschaft erweist sich als nicht einfach, beide Perspektiven passen nicht immer zueinander. Es gelang jedoch immer wieder, sich über diese Aspekte zu verständigen, die Zusammenarbeit blieb vertrauensvoll. Hilfreich erwies sich dabei vor allem das Verständnis der WerkStadt als „Anwältin der Prozesse".

Schwieriger wurde das Verhältnis, wenn die Qualität eines Beteiligungsprozesses vor dem Hintergrund der unterschiedlichen Selbstverständnisse und Handlungslogiken der beiden Büros anders bewertet wurde. So waren kontrovers eingeschätzte Beteiligungsprojekte der Anlass für intensive Klärungsgesprächen zum Umgang mit Konflikten. Als Ergebnis der gegensätzlichen Einschätzungen zum Umgang mit dem Dialogverfahren Rechenzentrum-Plantage-Garnisonkirche und der daraus folgenden Verwerfungen wurden konkrete Vereinbarungen zur Zusammenarbeit erarbeitet. Demnach sollen bei regelmäßigen Leitungstreffen als brisant wahrgenommene Verfahrensfragen diskutiert, Vereinbarungen zum Umgang mit diesen und der entsprechende Einsatz der Mitarbeiter/innen geklärt werden. Anschließend sollen die Ergebnisse unter Beteiligung der Leitungsebenen dem Beteiligungsrat vorgestellt werden. Erarbeitet werden soll zudem eine Regelung zum Vertrauensschutz und zum Umgang mit sensiblen Informationen, die die unterschiedlichen Rahmenbedingungen des externen und internen Teils berücksichtigt. Als notwendig erachtet wurde die Vereinbarung verbindlicher Treffen der beiden Leitungsebenen. Dieser Konflikt und sein Umgang im Rahmen des Projekts stehen beispielhaft für die große Bereitschaft der Beteiligten, sich auf den neuen Weg einzulassen. Kompromisse wurden ausgehandelt, so dass die WerkStadt zu einer handlungsfähigen Einheit wachsen kann. Wie tragfähig die ausgehandelten Vereinbarungen und Verfahren tatsächlich sind, wird sich bei zukünftigen Konflikten erweisen.

Der Aufbau der Doppelstruktur war zeitintensiv; die konkrete Umsetzung ein anhaltender Lernprozess, der mit der Modellphase nicht endet. Notwendig sind eine – laufende – Verständigung und Annäherung der ausführenden Akteure auf Arbeits- und Leitungsebene auf Basis konzeptioneller Grundlagen.

Gar nicht so einfach: die Zusammenarbeit mit dem Beteiligungsrat

Im Konzept des Modellvorhabens ist festgelegt, dass der Beteiligungsrat die Arbeit der WerkStadt für Beteiligung eng begleitet. So informierte die WerkStadt in den Sitzungen des Beteiligungsrates ausführlich über ihre Tätigkeiten und stellte sie zur Diskussion. Dabei zeigte sich, dass sie den Beteiligungsrat viel zu selten einband und die dort versammelten Kompetenzen abrief. In den Sitzungen präsentierte die WfB ihre Arbeit und informierte, sie stellte aber keine oder nur selten Fragen oder bat den Beteiligungsrat nur selten direkt um eine Stellungnahme. In der Anfangsphase nahmen die Mitarbeiter/innen der WerkStadt für Beteiligung in den Sitzungen des Beteiligungsrates mit ihren Präsentationen und Diskussionsbeiträgen viel Raum ein. Im letzten Jahr des Modellprojekts ging diese Dominanz merklich zurück. Die Beiträge wurden kürzer, nicht mehr jeder Aspekt wurde von der WerkStadt kommentiert.

Auf die mehrfach von Mitgliedern des Beteiligungsrates geäußerten Hinweise, die WerkStadt solle verbindlichere Kooperationsstrukturen mit dem Beteiligungsrat aufbauen, Arbeitsschritte zu einem Zeitpunkt zur Diskussion stellen, an dem noch Veränderungen möglich sind und über den weiteren Umgang mit den Anregungen informieren, gab es eine eher geringe Reaktion von der WerkStadt. Diesbezügliche Änderungen wurden in der Modellphase eher verhalten vorgenommen. Vom Beteiligungsrat angeregt wurde zudem, dass die die WerkStadt auf wenige Projekte konzentrieren solle. Auch hierauf wurde nicht näher eingegangen. Es zeigte sich in den Sitzungen des Beteiligungsrates, aber auch in den Interviews, dass die Arbeits- und Aufgabenteilung zwischen WfB und Beteiligungsrat noch nicht optimal verläuft. Diffus blieb, was die WfB vom Beteiligungsrat erwartet und wie sie diesen konzeptionell in die eigene Arbeit einbinden will. Noch arbeiteten beide Bausteine recht unverbunden nebeneinander. Unklar blieb dabei, wie sich die WerkStadt die Beteiligung des Beteiligungsrates vorstellt und welche Aufgaben sie diesem mit Blick auf die eigenen Tätigkeiten übertragen möchte. Das Beteiligungsverständnis der WfB hinsichtlich der Mitwirkung oder Mitsprache des Beteiligungsrates blieb in der Modelllaufzeit weitgehend vage.

Die Evaluation kommt mit Blick auf die WerkStadt für Beteiligung zu dem Fazit, dass die Modellprojektlaufzeit zu kurz war, um das Zusammenfinden und -arbeiten beider WerkStadtteile abzuschließend zu vollziehen. Gleichwohl ist es der WfB in herausragender Weise gelungen, als Kompetenzzentrum wahrgenommen zu werden und Netzwerke aufzubauen. In die hierfür erforderlichen Beteiligungs- und Unterstützungs- sowie Beratungsprozesse sind viele Ressourcen geflossen. Dabei ist der Aufbau einer gemeinsamen Arbeitsstruktur etwas ins Hintertreffen geraten. Zu wenig genutzt wurde die Möglichkeit, die vom externen Träger vorgegeben Aufgabenbeschreibung gemeinsam weiterzuentwickeln und durch ein Aufgabenprofil des internen Teils zu ergänzen.

Wichtigste Ergebnisse:

- Die WerkStadt für Beteiligung steht im Mittelpunkt der Aufmerksamkeit des Modellprojekts. Ihre Stärken liegen durch die innovative Struktur, die erfolgreich von den handelnden Personen ausgefüllt werden konnte, in ihrer doppelten Wirkung in Richtung Verwaltung und in Richtung der Stadtgesellschaft.

- Die WerkStadt für Beteiligung ist ein unverzichtbarer Baustein für die erfolgreiche Durchführung des Projekts und die Realisierung einer verbindlichen kommunalen Beteiligungskultur.

- Die WerkStadt für Beteiligung konnte sich in kurzer Zeit als Kompetenzzentrum etablieren. Sie genießt als „Anwältin der Prozesse" bei Verwaltung, Kommunalpolitik und bei Bürgerinitiativen Anerkennung.

- Die WerkStadt für Beteiligung berät und unterstützt die Verwaltung sehr erfolgreich. Im Fokus standen bislang die Entlastung und Weiterqualifizierung der Verwaltung in Sachen Bürgerbeteiligung. Das vermittelte Wissen zu Beteiligung wird zunehmend genutzt und Beteiligungslücken werden geschlossen

- Die Aktivierung und Unterstützung von Bottom-up-Prozessen, d.h. die niedrigschwellige Öffnung zur Stadtgesellschaft, konnte ausgesprochen erfolgreich angeschoben werden. Sie stellt eine besondere Stärke des Projekts dar. Der externe Teil der WfB fungiert dabei als Türöffner in die kritisch gestimmte Stadtgesellschaft.

- Der Arbeitsschwerpunkt lag auf der Beratung und Begleitung einzelner Beteiligungsprojekte, so dass für die Konzeption, Entwicklung und Verankerung verbindlicher Spielregeln der Bürgerbeteiligung die vorhandenen Ressourcen nicht ausreichten.

- Die innovative Doppelstruktur der WerkStadt für Beteiligung ist kein Selbstläufer. Die konkrete Umsetzung ist ein anhaltender Lernprozess, der mit der Modellphase nicht endet.

5.2.2 Empfehlungen zur Weiterentwicklung der „WerkStadt für Beteiligung"

Für die Fortführung des Projekts „Strukturierte Bürgerbeteiligung in Potsdam" empfiehlt die Evaluation für den Baustein „WerkStadt für Beteiligung":

- Der Baustein „WerkStadt für Beteiligung" sollte unter Beibehaltung der innovativen Doppelstruktur und unter Wahrung personeller Kontinuität (kein Trägerwechsel zum gegenwärtigen Zeitpunkt) fortgeführt werden.

- Die Strukturen und Aufgaben der WerkStadt für Beteiligung sollten weiterentwickelt werden. Dies betrifft vor allem die Erweiterung der Aufgaben um eine intensivere Beschäftigung mit strukturellen Bausteinen der Bürgerbeteiligung. Struktur- und Prozessarbeit sollten in gleichem Maße vorangebracht werden. Dabei ist eine Arbeitsteilung, in deren Rahmen die jeweiligen Profile von internem und externem Büro konkretisiert und weiterentwickelt werden, zu prüfen. Hierzu sollte die WerkStadt ihre zukünftige Arbeit stärker strategisch ausrichten und konzeptionell unterlegen.

- Das interne Büro sollte die Federführung für die Strukturarbeit übernehmen. Hierfür erforderlich ist beispielsweise die Vorbereitung von Maßnahmen zur Regulierung und Standardisierung von Bürgerbeteiligung (vgl. Kapitel 2) in Potsdam (wie der bereits in Arbeit befindliche Verfahrensmonitor, aber auch eine Beteiligungssatzung, Leitlinien zur Bürgerbeteiligung oder eine Vorhabenliste). Das externe Büro sollte im Rahmen der Überlegungen zu strukturierter Beteiligung und verbindlichen und möglicherweise standardisierten Ansätzen der Bürgerbeteiligung die „Stimme der Stadtöffentlichkeit" einbringen und alle Ansätze mit Blick auf ihre Wirkung in Richtung Stadtöffentlichkeit prüfen. Angeregt werden könnten beispielsweise Initiativrechte für Bürger/innen oder die Einführung von Begleitgruppen zu Beteiligungsprojekten sowie die Umsetzung finanzieller Fonds, die von Bürger/innen verwaltet werden.

- Das externe Büro sollte seine Aktivitäten in Richtung Öffnung zur Stadtgesellschaft fortsetzen. Die Aktivierung und der Brückenbau zu den Initiativen sind erfolgreich und stellen für Verwaltung und Stadtgesellschaft einen großen Gewinn dar. Zu diskutieren ist, inwieweit die Ansprache und Einbindung organisierter Gruppen als ausreichend bewertet wird, oder ob mittelfristig nicht noch mehr Ansätze erprobt und umgesetzt werden können, mit denen auch nichtorganisierte Bürger/innen stärker beteiligt werden. Auch hier ist wiederum das interne Büro einzubeziehen, um die Schnittstellen zur Verwaltung von Beginn an mitzudenken. Zu klären ist dabei auch die Frage, wie die Aufgabe der Aktivierung mit einer stärkeren Standardisierung und Formalisierung von Bürgerbeteiligung einhergehen kann.

- Eine so verstandene Arbeitsteilung erfordert, die jeweiligen Aufgaben, Rollen und Schwerpunktsetzungen sowie die Schnittstellen der Zusammenarbeit zu fixieren. Hierbei könnte an das bereits vorliegende Konzept des externen Büros angeknüpft werden; es ist durch ein Konzept des internen Büros zu ergänzen und weiterzuentwickeln. Über eine gemeinsame Geschäftsordnung kann bei Bedarf entschieden werden. Die Beschäftigung mit der eigenen Struktur sollte jedoch kein Selbstzweck sein, sondern im Dienst der stärker strukturell-strategisch auszurichtenden Arbeit stehen. Arbeitsteilung und Profilbildung wiedersprechen in keinem Fall dem Ansatz, dass die WfB ein Büro ist, das als eine Einheit agiert und auch so wahrgenommen wird.

- Um die Schwerpunktsetzungen und Weiterentwicklungen der Arbeit der WfB mit Priorität umsetzen zu können, ist eine stärkere Unterstützung und ggf. Steuerung der dort arbeitenden Personen durch die jeweiligen Leitungsebenen notwendig. Diese sollten die Überlastung und Überforderung der Arbeitsebene im Blick behalten. Nur wenn sie diese rechtzeitig erkennen, können sie frühzeitig gegensteuern. Fortgesetzt werden sollten die in der Modellphase begonnenen regelmäßigen Gespräche zwischen dem Vorstand von mitMachen e.V. und der Fachbereichsleitung.

- Der Umfang der Arbeit der WfB wächst mit ihrem Erfolg. Der Ressourcenbedarf bleibt daher im Prozessverlauf nicht gleich und kann zu Beginn der Tätigkeit bzw. des Projekts nicht abschließend für einen längeren Zeitpunkt eingeschätzt werden. Dies trifft in besonderem Maß auf den externen Teil der WfB zu, der für die Aktivierung zuständig ist. Hierbei sind die Prozesse sehr viel schwieriger abzuschätzen als beispielsweise die Erstellung einer Vorhabenliste, die in der Federführung des internen Büros liegen könnte. Mit Blick auf die Ressourcenausstattung sollte daher eine Nachsteuerung möglich sein. Der erforderliche Bedarf sollte in regelmäßigen Abständen überprüft werden (z.B. ein- bis zweimal jährlich). Bei Bedarf sollte nachgesteuert werden.

- Die Stärkung der Verbindlichkeit von Bürgerbeteiligung und der damit verbundene Aufbau und die Weiterentwicklung einer kommunalen Beteiligungskultur erfordern eine enge Rückkopplung mit der Verwaltung. Innerhalb der Verwaltung sollte daher eine ämterübergreifende Steuerungsgruppe Bürgerbeteiligung / Beteiligungskultur eingerichtet werden. Diese hätte sich mit anstehenden Aufgaben der WfB, wie der Erstellung einer Vorhabenliste, auseinanderzusetzen und hierfür das erforderliche Rückrat zu bieten. Diese Arbeitsgruppe wäre in regelmäßigen Zeiträumen über die Arbeit der WfB zu informieren und hätte die vorgeschlagenen Maßnahmen einer verbindlichen Beteiligungskultur zu diskutieren, zu kommentieren und ihre Einführung und Umsetzung zu begleiten.

5.3 Der Beteiligungsrat

5.3.1 Ergebnisse der Evaluation

Bürgerbeteiligung ernst zu nehmen bedeutet nicht nur geeignete Strukturen zu entwickeln sondern auch die Frage nach den Adressat/-innen der Beteiligung und dem Spektrum der Personen und Personengruppen, die erreicht werden sollen, zu beantworten. Dabei ist auch die Rolle der Bürger/innen in Beteiligungsverfahren sowie im Zusammenspiel mit Politik und Verwaltung zu definieren. Mit dem Beteiligungsrat sollten im Potsdamer Modellprojekt erste Antworten auf diese Frage gefunden und bisher ungeübte Formen der Ansprache und Mitwirkung der Bürger/innen erprobt und weiterentwickelt werden.

Der Beteiligungsrat ist ein ehrenamtliches, unabhängiges und beratendes Gremium, das für drei Jahre eingesetzt wurde (Phase der Modellprojektlaufzeit). In ihn wurden Vertreterinnen und Vertreter aus der Stadtgesellschaft (Bürger/innen), der Verwaltung, der Kommunalpolitik sowie ein Fachexperte berufen. Er arbeitet somit trialogisch (vgl. Kapitel 2). Ihm sollte die Aufgabe zukommen, die WerkStadt für Beteiligung zu beraten und bei der konzeptionellen Weiterentwicklung der Bürgerbeteiligung in Potsdam zu unterstützen. (vgl. 4.3.2).

Für die Evaluation waren insbesondere folgende Fragen erkenntnisleitend:

- Hat sich der Beteiligungsrat als integraler Baustein des Modellprojekts etabliert und gelingt das Zusammenspiel mit den anderen Bausteinen des Modellprojekts (der WfB und dem BR)?

- Hat der Beteiligungsrat (vorgegebene und selbst gesetzte) Zielsetzungen eingelöst und seine Aufgaben erfüllt? Hat er – im Ergebnis dieses Prozesses - letztlich seine Rolle/n gefunden?

- Ergaben sich im Prozessverlauf Veränderungen hinsichtlich seiner Aufgaben und seiner Rolle?

- Wie gestaltete sich das Miteinander der unterschiedlichen Akteursgruppen innerhalb des BR (insbesondere Bürger/innen, Kommunalpolitik, Verwaltung)?

- Welche Aufgaben, welche Rolle übernahmen die ehrenamtlich tätigen Bürger/innen im BR? Wo lagen die Chancen, wo die Grenzen der ehrenamtlichen Arbeit?

- Benötigt die Arbeit des Beteiligungsrats ein eigenes Budget oder andere Formen der (finanziellen/ ressourcenorientierten / begleitenden) Unterstützung?

Das Potsdamer Modellprojekt zeichnet sich dadurch aus, dass in der trialogischen Zusammensetzung des Beteiligungsrats die Rolle der Bürger/innen gegenüber den anderen Akteursgruppen gestärkt wurde. Die Stimme der Stadtgesellschaft wird von per Los ausgewählten Bürger/innen vertreten, zudem bilden die insgesamt neun Vertreterinnen und Vertreter der Bürgerschaft in dem ehrenamtlich arbeitenden Beteiligungsrat die Mehrheit. Ihre Rekrutierung per Zufallsauswahl steht für den Versuch, das Gremium möglichst repräsentativ zu besetzen. Wie tragfähig kann diese trialogische Struktur aus engagierten Bürger/innen, delegierten Vertreterinnen und Vertretern der Stadtverordnetenversammlung und ausgewählten Akteuren der Verwaltung angesichts ihrer sehr unterschiedlichen Vorkenntnisse sein? Können sich ehrenamtliche und hautamtliche Beschäftigung konstruktiv ergänzen? Ist eine Diskussion und Verständigung auf Augenhöhe möglich? Nicht nur auf diese Fragen galt es in der Modellphase Antworten zu finden, die – sofern erfolgversprechend – auch anderen Städten und Gemeinden wichtige Hinweise zur Einbindung der Bürger/innen in trialogische Prozesse geben können.

Anfangshürde: Der Aufbau formaler Arbeitsstrukturen

Auch wenn der eigentliche Arbeitsauftrag des Beteiligungsrates zu Beginn des Modellprojekts bereits formuliert war, zeigte sich, dass seine Übersetzung in konkrete Arbeitsstrukturen und -prozesse ein durchaus langwieriger und aufwändiger Prozess war, der so von den Beteiligten nicht erwartet worden war. Besonders intensiv bearbeitet und von vielen Beteiligten als mühsam wahrgenommen wurde die gemeinsame Erarbeitung einer Geschäftsordnung, die einen Arbeitsschwerpunkt in der Anfangszeit bildete. Dieser Verständigungsprozess über formale Grundlagen der gemeinsamen Arbeit kostete – so die Rückmeldungen in den Interviews mit den ehrenamtlich tätigen Bürger/innen – viel Zeit und band (zu) viele Ressourcen. Festgelegt wurde darin u.a., dass der Beteiligungsrat während der Laufzeit des Modellprojekts regelmäßig einmal monatlich tagt. Über diese monatlichen Sitzungen hinaus, die jeweils weit in die Abendstunden gingen, fanden zusätzlich Arbeitsgruppentreffen und eine halbtägige Klausursitzung der Bürger/innen des Beteiligungsrats statt.

Nicht verbindlich festgelegt, aber über die Laufzeit des Modellprojekts beibehalten, wurde die externe Moderation der Beiratssitzungen. Diese war immer wieder Gegenstand von Diskussionen. Auch die im Rahmen der Evaluation

geführten Interviews ergaben kein einheitliches Bild zur Begleitung des BR durch
eine externe Moderation. Während diese von allen Beteiligten des BR wertgeschätzt wurde und der BR ein einheitliches Votum für die externe Moderation der
Sitzungen abgab, stellt sich dies aus Sicht der Auftraggeber und der Vertreter
der Kommunalverwaltung anders dar. Ihnen zufolge sollte der BR in der Lage
sein, die Sitzungen selbst zu moderieren.

Im Ergebnis lässt sich sagen: Der Beteiligungsrat arbeitete kontinuierlich und
engagiert auf Grundlage einer umfangreichen Geschäftsordnung und mit
Unterstützung einer externen Moderation. Trotz teilweise als zäh und unbefriedigend wahrgenommener Diskussionen blieb die Zusammensetzung des
Rates bis auf wenige Ausnahmen konstant – ein Indiz für die hohe Motivation und
den langen Atem aller Beteiligten.

Rollenfindung und Zieldefinition: widersprüchliche Erwartungen

Mit der der im Konzept des Modellprojekts getroffenen Zuschreibung als
Beratungs- und Kontrollgremium für die WerkStadt für Beteiligung trat der
Beteiligungsrat seine Amtszeit an. Die ausführlichen Diskussionen in den
Sitzungen vor allem der Anfangszeit wiesen jedoch darauf hin, dass die
schriftlich fixierten Aufgaben nicht so einfach mit Leben zu füllen waren. Dies
galt im weiteren Verlauf auch für die in der Geschäftsordnung formulierten Ziele
und Aufgaben. Die Fülle und Breite der Aufgaben wurden zunehmend als nicht
leistbar eingeschätzt, zudem tauchten erste Schwierigkeiten in der Abstimmung
und verbindlichen Zusammenarbeit mit der WerkStadt für Beteiligung auf. In
den Interviews nahm diese Problematik einen großen Raum ein. Von der Mehrheit der Interviewten wurde die unklare Rolle des Beteiligungsrates als Problem
beschrieben. Diese unklare Rolle sowie der vage Aufgabenzuschnitt wurden als
eine Ursache der wachsenden Unzufriedenheit der Beiratsmitglieder gedeutet. In den Einschätzungen wurde hervorgehoben, dass die Einrichtung eines
Beteiligungsrates alleine noch keine Beteiligung der Bürger an der Bürgerbeteiligung sei und der Beteiligungsrat Gefahr laufe, als Alibi für Bürgerbeteiligung
benutzt zu werden. Auch dies verwies auf die unklare Aufgabe des Rates.

Notwendig erschien ein interner Klärungsprozess, um die bisher eher diffus
wahrgenommene Aufgabenbeschreibung und die Zielsetzung des Beteiligungsrates zu klären. Der Beteiligungsrat war gefordert, über das Finden einer gemeinsamen Sprache und Diskussionskultur hinaus die eigene Rolle zu definieren und
das zugeschriebene Tätigkeitsprofil zu überprüfen.

Dies gestaltete sich in Potsdam besonders schwierig: Sowohl die Darstellung zur Genese des Projekts als auch die Interviewergebnisse, vor allem mit Mitgliedern des BR, zeigen, dass der Beteiligungsrat zu Beginn des Modellprojekts ins kalte Wasser geworfen wurde. Er war ein „Versuchslabor", d.h. er startete ohne konkrete Vorgaben und ohne klaren Arbeitsauftrag. Dabei verlief der Übergang vom vorläufigen Beteiligungsrat zum jetzigen Beteiligungsrat als Bruch. Es gab keine personelle Kontinuität, so dass die neuen BR-Mitglieder – wie sie selbst sagen – mehr oder weniger „ohne Schlachtplan" ihre Arbeit aufnahmen. Die Entwicklung einer Agenda bzw. eines Fahrplans musste daher „im Prozess", d.h. im Laufe der Sitzungen erfolgen, in denen der BR weitere Aufgaben, wie die Diskussion und Begleitung von Beteiligungsprojekten, zu erfüllen hatte. Zudem galt es, sich mit den eigenen Erwartungen sowie mit den zum Teil widersprüchlichen Erwartungen von außen auseinanderzusetzen und zu überprüfen, inwieweit diese in Einklang zu bringen sind und bei der Umsetzung der Arbeit des BR eingelöst werden können.

Angesichts dieser Rahmenbedingungen ist das im Beteiligungsrat zum Ende der Modellphase erreichte konstruktive Arbeitsklima und sind die gesetzten Arbeitsschwerpunkte als großer Erfolg zu werten. Auch wenn diese Aktivitäten in der Öffentlichkeit noch nicht wahrgenommen werden (können), zeigt sich der Beteiligungsrat in seinen Stellungnahmen zu Beteiligungsprozessen und in den Diskussionen mit der WerkStadt für Beteiligung als kompetente Stimme der Bürgerschaft, deren Einschätzungen zu einer Qualifizierung der Potsdamer Beteiligungskultur beitragen.

Besondere Herausforderung: Beteiligung an strukturierter Bürgerbeteiligung

Insbesondere die beteiligten Bürger/innen hatten bei ihrer Bewerbung für eine Mitarbeit im Beteiligungsrat recht konkrete Erwartungen an ihre Rolle und die Arbeit, die auf sie zukommen sollte. Sie waren davon ausgegangen, dass ihre Kompetenzen als „normale Bürgerinnen und Bürger" gefragt seien um Beteiligung zu qualifizieren. Erwartet wurde eine Mitwirkung an konkreten Projekten und Beteiligungsverfahren. Mit Aufnahme der Arbeit im Beteiligungsrat mussten sie jedoch feststellen, dass sich der Beteiligungsrat sehr viel stärker als erwartet mit dem Aufbau und dem „Sich-Einfügen" in neue Strukturen beschäftigen sollte. Es ging nicht um eine Bewertung einzelner Beteiligungsprojekte, sondern um die Auseinandersetzung mit abstrakteren und übergeordneten Strukturen der Beteiligung. Auch die Zusammenarbeit mit der WerkStadt musste aufgebaut und weiterentwickelt werden. Zudem waren eigene Arbeitsstrukturen zu entwickeln, die in einer Geschäftsordnung verankert werden sollten. Die Erwartungen der Bürger/innen, als Anwalt der Beteiligungsprozesse zu wirken und Bürgerbeteiligung konkret zu begleiten, erfüllten sich nicht. Nur mühsam gelang es dem Beteiligungsrat, die eigenen Aufgaben mit den Erwartungen abzugleichen und sich gegenüber den von der WerkStadt an den Beteiligungsrat herangetragenen Anforderungen zu behaupten.

Aus Perspektive der Evaluation blieb bis zum Ende der Modellphase offen, inwieweit Bürger/innen sich für die Mitwirkung an strukturierten Formen der Bürgerbeteiligung soweit begeistern können, dass sie ehrenamtlich an einem Gremium wie dem Beteiligungsrat und seiner Aufgabenbeschreibung mitarbeiten können. Zwar waren es auch die im Rat vertretenen Bürger/innen, die sich dezidiert über ihre Rollen Gedanken machten und eine Auseinandersetzung mit den Aufgaben des Beteiligungsrates forderten. Doch zeigte ihr Engagement für die Mitwirkung an konkreten Beteiligungsprojekten, dass es ihnen auf dieser Ebene gelang, ihre Kompetenzen weitaus „lustvoller" einzubringen.

Schließlich blieb die Frage offen, wie damit umzugehen ist, dass die Mitglieder des Beteiligungsrates zunehmend zu Expertinnen und Experten der Bürgerbeteiligung wurden und sich so der Abstand „zum Normalbürger" („Nicht-Eingeweihten") vergrößerte. In den Gesprächen wurde diesbezüglich die Gefahr formuliert, „vom System gefressen zu werden".

Trialogische Kompetenz an der Schnittstelle von Laien- und Expertenwissen

Die trialogische Zusammensetzung des Beteiligungsrates, bei der die Bürger/innen die größte Gruppe bildeten, musste sich in der Modellphase bewähren. Sie wurde im Laufe der gemeinsamen Arbeit mehrfach auf die Probe gestellt. An den Sitzungen des Beteiligungsrates nahmen die drei Trialogpartner in unterschiedlicher Intensität teil. Insbesondere die Bürger/innen waren regelmäßig anwesend, während die Kommunalpolitik zumeist nur mit einer Person vertreten war und die Verwaltung nach anfänglich regelmäßiger Teilnahme zuletzt eher sporadisch anwesend war. Die Zusammensetzung dieser Gruppe änderte sich zudem im Laufe des Projekts. Auf besondere Schwierigkeiten stieß die Besetzung des Jugendsitzes. Hier konnte erst zum Ende der Laufzeit des Modellprojekts eine Vertreterin für die regelmäßige Teilnahme gewonnen werden. Auch die Begleitung durch wissenschaftliche Expert/innen gestaltete sich anfangs schwierig; erst nach mehreren Anläufen konnte einer von zwei möglichen Expertensitzen besetzt werden. Dabei blieb die Rolle des Experten letztlich unklar und war nicht näher definiert. Trotz dieser teilweise wechselnden Zusammensetzung bildete sich ein fester Kern engagierter Mitglieder heraus und der Beteiligungsrat konnte sich zu einem arbeitsfähigen Gremium entwickeln.

Trialogische Zusammensetzung und trialogisches Arbeiten sind zweierlei. In der gemeinsamen Arbeit des Beteiligungsrates wurde sichtbar, dass die im Beteiligungsrat aktiven Bürger/innen in der Regel nicht darin geübt waren, ihre Interessen und Positionen in Gruppen zu artikulieren und gegenüber anderen Meinungen durchzusetzen. Auch forderten die Routinen der Gremienarbeit Geduld, Zeit und gute Nerven. Hinzu kam, dass sich die einen professionell mit Bürgerbeteiligung und Stadtentwicklung befassten, während sich die anderen daran beteiligen wollten. Zugespitzt formuliert steht die Zusammenarbeit von Ehrenamtlichen und Professionellen der Bürgerbeteiligung auf dem Prüfstand. Die Kooperation der unterschiedlichen Personen verlief zu Beginn ohne besondere Aufmerksamkeit, alle wurden selbstverständlich gleichbehandelt und hatten die gleichen Möglichkeiten, obwohl sie sehr verschiedene Voraussetzungen zur Mitwirkung an diesem bestimmten Spielregeln folgenden Gremium aufwiesen. Spannungen, Frustrationen und Unverständnis, die in den Interviews, wenn auch nur am Rande, geäußert wurden, verwiesen auf die Notwendigkeit, mit den strukturellen Ungleichheiten bewusster umzugehen. Es bedurfte einer größeren Sorgfalt der Begleitung und Moderation der Sitzungen des Beteiligungsrates. Dies war auch ein Grund für den von den meisten Interviewten mit Nachdruck formulierten Wunsch nach einer professionellen Moderation. Deren Aufgabe sollte es vor allem sein, in der von einigen als zu groß empfundenen Runde eine ausgewogene Gesprächskultur herzustellen.

Obwohl der BR als Bürgergremium konzipiert war, zeigte sich als Folge der trialogischen Besetzung der große Einfluss der anderen beiden beteiligten Gruppen. Vor allem in der Anfangsphasenahmen die Mitarbeiterinnen und Mitarbeiter der WerkStadt für Beteiligung in den Sitzungen trotz ihres Status als Gäste eine starke und dominante Rolle ein. Hinzu kam, dass an den Sitzungen immer mehr „Profis", u.a. jeweils eine Vertreterin des Trägers von mit Machen e.V. und des Kinder- und Jugendbüros teilnahmen. Diese schleichende Professionalisierung prägte die Diskussionskultur. Dies führte dazu, dass sich die Bürger/innen zurückhielten oder, wie sie selbst formulierten, all ihren Mut zusammennehmen mussten, wenn sie das Wort ergriffen. Ablesbar war eine strukturelle Ungleichheit, die auf unterschiedlichen Erfahrungen mit Gremienarbeit, sei es in Politik oder Verwaltung, zurückgeführt werden kann.

Dieses Ungleichgewicht wurde im Rahmen der Modellprojektlaufzeit immer wieder thematisiert und in den Sitzungen sowie in den Reflexionsrunden diskutiert. Nachgedacht wurde hierbei z.B. über veränderte Veranstaltungsformate, die den Bürger/innen mehr Raum geben. Angeregt wurde die Durchführung von Klausurtreffen oder von Sitzungen, an denen nur die gelosten Bürger/innen teilnehmen. Diese zusätzlichen Sitzungen wurden zwar als wünschenswert bewertet, aufgrund der zeitlichen Ressourcen als aber nicht realisierbar verworfen. Eine Klausursitzung der Bürger/innen konnte – moderiert von der WerkStadt – stattfinden. Sie wurde von allen Beteiligten als sehr hilfreich wertgeschätzt. In den regulären Sitzungen gelang es der externen Moderation durch stärkere Reglementierung der Redezeiten und der Abstimmung „interne Regeln", nach denen die Bürger/innen möglichst bevorzugt Rederecht erhielten, das strukturelle Ungleichgewicht aufzufangen und alle Stimmen zu Wort kommen zu lassen.

Unzureichende Kommunikation in die Politik

Der Beteiligungsrat beruht auf einem Beschluss der Stadtverordnetenversammlung. Zudem war die Beteiligung der Kommunalpolitik im trialogisch besetzten Beteiligungsrat mit zwei Zielen verbunden. So sollte zunächst das Knowhow der politischen Profis einbezogen werden. Gleichzeitig sollte auf diesem Wege eine Brücke zwischen dem Modellvorhaben und den Stadtverordneten gebaut werden. Wie schwierig sich dies gestaltete, zeigte das vom Beteiligungsrat konstatierte fehlende Interesse der Fraktionen an seiner Arbeit. Auch wenn zwei Vertreter/innen der Politik als aus der Stadtverordnetenversammlung entsandte Mitglieder des Beteiligungsrates kontinuierlich an den Sitzungen teilnehmen, blieb die Frage unbeantwortet, inwiefern die städtische Politik ein darüber hinausgehendes Interesse an Bürgerbeteiligung hat. Der Transfer in die Kommunalpolitik – so die Schlussfolgerung der Evaluation – ist nicht in ausreichendem Maße gelungen. Es konnte keine tragfähige Brücke zu den Stadtverordneten hergestellt werden.

Zusammenarbeit mit der WerkStadt für Beteiligung: Unverzichtbarer Ratgeber und konstruktiver Kritiker

Im Zuge der Definition der eigenen Rolle setzte sich der Beteiligungsrat immer wieder mit der Aufgabe der Beratung und Begleitung der WerkStadt für Beteiligung auseinander. Bis zuletzt stand der Beteiligungsrat dieser Aufgabe mehrheitlich kritisch gegenüber, nicht zuletzt deshalb, weil die hierfür notwendigen Voraussetzungen (Beurteilungsgrundlagen) nicht vorlagen. In Teilen unbefriedigend erlebte der BR daher auch die Zusammenarbeit mit der WfB: „In der letzten Zeit hatten wir mit Blick auf die WfB keine Rolle mehr", sagt z.B. ein Mitglied des BR zum Ende der Laufzeit des Modellvorhabens. Der Beteiligungsrat forderte immer wieder eine bessere Informationspolitik und mehr Transparenz zu den Entscheidungen der WfB. Als wichtiger Schritt in dieser Richtung wurden die im letzten Halbjahr der Modelllaufzeit initiierten, wöchentlichen Info-Rundmails der WfB bewertet und wertgeschätzt. Ebenso wichtig wurde der noch ausstehende Verfahrensmonitor eingeschätzt.

Die kritischen Stimmen des Beteiligungsrates zur Zusammenarbeit mit der WerkStadt für Beteiligung korrespondieren mit der bereits an anderer Stelle (vgl. 5.2.1) ausgeführten Schwierigkeit der WerkStadt, den Beteiligungsrat verbindlich in die eigene Arbeit einzubinden. Die WerkStadt blieb bis zum Ende ein klares Statement zur konkreten Zusammenarbeit mit dem Beteiligungsrat schuldig. Aus Sicht der Evaluation wären verbindliche Spielregeln der Mitsprache notwendig gewesen. In diese Richtung sollte die Zusammenarbeit zukünftig weiterentwickelt werden.

Die Evaluation kommt mit Blick auf den Beteiligungsrat zu dem Schluss, dass dieser am Ende der Modellphase trotz schwieriger Startbedingungen seine Rolle und Aufgaben (weitgehend) gefunden hat. Der Beteiligungsrat arbeitete kontinuierlich und engagiert und entwickelte sich zu einer kritischen Stimme der Stadtgesellschaft und einem unverzichtbaren Ratgeber und konstruktiver Kritiker sowohl von Beteiligungsprojekten als auch der WfB. Das bedeutet, dass er weitaus mehr ist als ein Beratungsgremium der WerkStadt für Beteiligung. Nach langen Diskussionen im Beteiligungsrat wurde die eigene Rolle als „Anwalt des Prozesses" bezeichnet und damit eine Fokussierung auf Beteiligungsverfahren getroffen. Seine besondere Kompetenz gewinnt er nach Einschätzung der Beteiligten als „Schnittstellengremium", in dem verschiedene Akteursgruppen und Perspektiven zusammenkommen. Diese Rollenfindung ist auch Ausdruck und Ergebnis eines Prozesses, in dem die Bürger/innen im Beteiligungsrat an Selbstbewusstsein gewannen, sich in ihre Aufgaben einfanden und diese offensiv nach außen präsentierten. Dieses „gewachsene Selbstvertrauen", das „Finden einer gemeinsamen Position der Bürger/innen" wurde von den ehrenamtlich tätigen Bürger/innen in der zweiten Phase der Interviews als besonders bemerkenswert hervorgehoben.

Wenngleich die Bürger/innen sowie der Beteiligungsrat als Ganzes im Laufe des Prozesses an Profil und Selbstbewusstsein gewannen, darf dies nicht darüber hinwegtäuschen, dass die kritisch-konstruktive Stimme des Beteiligungsrates bisher nicht (ausreichend) gehört wird. Er wird von der Verwaltung, der Politik und der WerkStadt für Beteiligung – so die Einschätzung der Evaluation – nicht ausreichend anerkannt und genutzt. Er läuft Gefahr, als Beteiligungsalibi zu dienen und missbraucht zu werden. Die Aussage, „im Moment funktioniert das Projekt auch ohne den BR", steht stellvertretend dafür. Ein Grund hierfür mag sicherlich in der langen Selbstfindungsphase liegen, die zu Beginn viele Kräfte des Beteiligungsrates gebunden hat. Auch dürfte die Zusammensetzung des Gremiums und die schwierige Positionierung der Bürger/innen dazu geführt haben, dass ihre Stimme viel zu selten laut wurde. Wichtig ist es deshalb, die Anregungen, die der Beteiligungsrat selbst zu seiner Weiterentwicklung im Jahresrückblick 2015 formuliert hat, aufzugreifen. Gefordert wurde, „auf den Boden der Tatsachen zurückzukommen" und die Aufgaben des Beteiligungsrates zu konkretisieren. Hierzu gehöre, sich ein „plastisches Bild" darüber zu verschaffen, wie ein Beteiligungsprozess entsteht und funktioniert. Angeregt wurde, darüber nachzudenken, wie die Arbeit anders aussehen könne, wie weniger Themen bearbeitet und Aufgaben definiert werden könnten. Insgesamt sollte darüber Klarheit gewonnen werden, was ein Beteiligungsrat leisten könne. Deutlich formuliert wurde der Wunsch nach stärkeren Leitplanken durch diejenigen, die den Beteiligungsrat eingerichtet haben, verbunden mit Vorgaben, was vom Beteiligungsrat erwartet wird. Auch die Zusammenarbeit mit dem Büro für Bürgerbeteiligung wurde an dieser Stelle als verbesserungswürdig eingeschätzt, „die Zahnräder greifen noch nicht ineinander". Diesen Einschätzungen ist auch von Seiten der Evaluation nichts mehr hinzuzufügen.

Wichtigste Ergebnisse:

- Der BR ist eine unverzichtbare Säule des Modellprojekts. Als Bekenntnis zur einer dialogorientierten Bürgerbeteiligung ist er ein wichtiges Korrektiv. Er bietet einen unverstellten Blick von Bürger/innen auf Beteiligungsprojekte.

- Die Konzeption des Beteiligungsrats als trialogisch besetztes Gremium verleiht der Stimme der nichtorganisierten Bürger/innen ein besonderes Gewicht; dies stellt im Rahmen von kommunalen Beteiligungsansätzen eine Besonderheit dar, und macht eine besondere Stärke des Potsdamer Modells aus.

- Die trialogische Besetzung des BR erweist sich in der gewählten Ausrichtung des Beteiligungsrates allerdings noch als eher schwach. Politik und Verwaltung agieren gemeinsam mit der WfB zu dominant. Die Interessen der Bürger/innen kommen zu kurz.

- Der Beteiligungsrat hat trotz schwieriger Startbedingungen kontinuierlich und engagiert gearbeitet und seine Rolle und Aufgaben als Gremium (weitgehend) gefunden. Die Aufgaben und Rollen der verschiedenen Akteursgruppen innerhalb des Gremiums blieben jedoch teilweise unscharf.

- Die kritischkonstruktive Stimme des BR wird von außen (WfB, Kommunalpolitk) nicht ausreichend gehört und wertgeschätzt.

5.3.2 Empfehlungen zur Weiterentwicklung des „Beteiligungsrats" [4]

Für die Fortführung des Projekts „Strukturierte Bürgerbeteiligung in Potsdam" empfiehlt die Evaluation für den Baustein „Beteiligungsrat":

- Der Baustein Beteiligungsrat ist unverzichtbar und sollte beibehalten werden.

- Der Beteiligungsrat sollte als Bürgerrat gestärkt werden. Da der Einbindung nichtorganisierter Bürger/innen unter der Maßgabe einer partizipativ ausgerichteten Demokratie und einer dialogorientierten Bürgerbeteiligung eine besondere Aufmerksamkeit zukommen sollte, ist die Bedeutung des Beteiligungsrats als Sprachrohr der Bürgerschaft zu stärken. Reflektiert werden sollte deshalb die Rolle der Bürger/innen im Beteiligungsrat. Als Bürgerrat sollte sich das Gremium zukünftig ausschließlich aus Bürger/innen

---

4 *Zum Ende der Modelllaufzeit wurden in Potsdam Entscheidungen getroffen, die die Fortführung/Verstetigung des Modellprojekts sowie die Weiterentwicklung des Beteiligungsrats betreffen (u.a. Zusammensetzung und Gratifikation der Mitglieder). Diese werden im vorliegenden Evaluationsbericht nicht mehr berücksichtigt, da der Bericht zu diesem Zeitpunkt bereits nahezu abgeschlossen war.*

zusammen; ein bis zwei Expert/innen sollten ihm – mit einer klaren Rollenzu-
schreibung und Aufgabe - zur Seite gestellt werden. Die WfB und Vertreter/
innen aus Verwaltung und Politik nehmen auf Einladung teil.

- Alternativ dazu könnte der Beteiligungsrat in seiner trialogischen Struktur
  bestehen bleiben. Er sollte dann aber mehr Rechte, z.B. ein Initiativrecht
  für Beteiligungsverfahren (vgl. Kapitel 2) erhalten, um beispielsweise die
  WerkStadt für Beteiligung kontrollieren zu können. Dabei ist sicherzustellen,
  dass den Bürger/innen ausreichend Raum gegeben wird, ihre Interessen und
  Meinungen zu finden und zu artikulieren. Klausurtagungen der Bürger/innen
  können dies befördern.

- Unabhängig von der gewählten Struktur legen die Ergebnisse der Potsdamer
  Modellphase nahe, dass eine dialogorientierte Beteiligung der Bürger/in-
  nen eine Fokussierung auf das, was Spaß macht, gewollt ist und was der
  Beteiligungsrat kann, erfordert. Das heißt im Einzelnen:

- Vorrang für die aktive Beschäftigung mit ausgewählten Beteiligungsprojekten
  Der BR will Bürgerbeteiligung „erleben“ und dicht dran sein an den Projekten
  und Initiativen. Dies wird als persönliche Motivation beschrieben und mit dem
  Wunsch nach Mitwirkung in Beteiligungsprozessen verbunden. Für diese
  Rolle sind die erforderlichen Rahmenbedingungen herzustellen. Es erfordert,
  den BR als kritische Stimme stärker als bislang in die Planung und das Design
  von anstehenden Beteiligungsprozessen einzubeziehen. So ist zu prüfen, ob
  der Beteiligungsrat neben seiner beratenden Funktion zukünftig auch darüber
  entscheiden sollte, wo Beteiligungsprojekte angeboten werden und welche
  Beteiligungsprojekte bevorzugt bearbeitet werden sollten. Als Einstieg sind
  die Informationen über laufende und geplante Beteiligungsprozesse ständig
  vorzuhalten. Zudem dienen die Grundsätze für Beteiligung als roter Faden für
  Diskussion, Auswahl und Bewertung der Projekte und Prozesse.

- Begleitung und Beratung der WfB
  Der Beteiligungsrat sollte die WfB weiterhin zu den übergreifenden Aufgaben
  beraten und begleiten. Um dies sicherzustellen, ist der BR kontinuierlich zu
  informieren. Die Beratung sollte in regelmäßigen Abständen (z.B. einmal im
  Quartal) erfolgen. Auch hier dienen die Grundsätze für Beteiligung als roter
  Faden für den Austausch und die Verständigung zwischen BR und WfB.

- Bestandteil einer kommunalen Beteiligungskultur ist eine Anerkennung der
  engagierten Bürger/innen oder der für die kommunale Beteiligung tätigen

Gremien. Wenngleich die Arbeitszeit der ehrenamtlich tätigen Bürger/innen nicht angemessen zu entlohnen sein wird, sollten die Mitglieder des BR eine Gratifikation erhalten, z.B. durch eine bestimmte Summe, die dem Sitzungsgeld von Stadtverordneten entspricht oder durch andere Formen, wie einer Jahreskarte für die Potsdamer Bäderbetriebe, Museen oder ähnliches. Eine weitere Form der Anerkennung erfolgt über die Finanzierung einer externen Moderation, die u.a. Garant für eine gleichberechtigte Diskussionskultur ist. Zudem sollte geprüft werden, ob der BR ein eigenes Budget erhalten kann.

- Um die Wahrnehmung und Anerkennung des BR durch die Kommunalpolitik zu steigern, sind zusätzliche Maßnahmen zu ergreifen. Sollte das Gremium in seiner trialogischen Struktur erhalten bleiben, haben die Vertreter/innen der Kommunalpolitik und der Stadtverwaltung in noch stärkerem Maße als bislang ihre Rolle des Transfers in die politischen Gremien und die Führungsspitze der Verwaltung wahrzunehmen. Zudem hat ein erstes Treffen des BR mit Vertreter/-innen der StVV während der Modelllaufzeit gezeigt, dass der persönliche Austausch die Wahrnehmung durch die Kommunalpolitik befördert. Ein solcher Austausch sollte mindestens einmal jährlich anberaumt werden, wobei die zusätzliche Anwesenheit der Verwaltungsspitze wünschenswert wäre. Gleichwohl zeigen die Erfahrungen der Modellphase, dass solche Maßnahmen nicht ausreichen. Letztlich wird die Wahrnehmung des BR durch die Kommunalpolitik vor allem dann gestärkt werden, wenn das Gremium mit formalen Rechten ausgestattet wird und es somit in die Rolle eines Akteurs gehoben wird, der von der Politik und der Entscheidungsebene angehört werden muss.

5.4 Die Grundsätze für Beteiligung für Potsdam

5.4.1 Ergebnisse der Evaluation

Grundsätze, Spielregeln oder Leitlinien sind eine Grundlage strukturierter Bürgerbeteiligung und kommunaler Leitlinienprozesse zur Bürgerbeteiligung. Sie werden in den Städten und Gemeinden, die übergreifende und gesamtstädtische Ansätze der Bürgerbeteiligung entwickeln, meist zu Beginn der Prozesse erarbeitet. Dies trifft auch auf Potsdam zu. Die sieben Grundsätzen für Bürgerbeteiligung in Potsdam: Verbindlichkeit, frühzeitige Einbeziehung, Informationsbereitstellung, Kommunikation, Aktivierung, Anerkennungskultur und Gleichbehandlung wurden, wie weiter oben ausgeführt (vgl. Kap. 4.3.3), gemeinsam von Vertreterinnen und Vertretern der Stadtöffentlichkeit, der Verwaltung und der Politik im Rahmen einer Open-Space-Konferenz im Oktober 2011 entwickelt. Sie sollten handlungsleitenden Charakter für alle mit der Bürgerbeteiligung befassten Akteure und Akteursgruppen (Verwaltung, Kommunalpolitik, Zivilgesellschaft) haben.

Die Grundsätze dienen demnach als Grundlage fairer Spielregeln, die bei allen Beteiligungen beachtet werden sollen, und definieren die Qualitäten, die in Beteiligungsprozessen zu berücksichtigen sind. Sie stehen für eine gute Beteiligungspraxis und machen Bürgerbeteiligung transparent und verlässlich.

Für die Evaluation waren folgende Fragen erkenntnisleitend:

* Was kennzeichnet die Grundsätze für Bürgerbeteiligung in Potsdam?

* In welchem Verhältnis stehen die Grundsätze für Bürgerbeteiligung zu den beiden anderen Bausteinen des Modellprojekts, der WerkStadt für Beteiligung und dem Beteiligungsrat?

* Wie bewerteten und nutzen die beteiligten Akteure die Grundsätze der Bürgerbeteiligung?

* Welche Bedeutung kommt den Grundsätzen insgesamt zu?

* Welcher Nachsteuerungsbedarf besteht?

Grundsätze in Potsdam – kurz und bündig

Die Erarbeitung und der Grad der Ausformulierung der Grundsätze unterscheiden sich in den Kommunen, die sie als Grundlage ihrer Leitlinienprozesse erarbeitet haben oder noch erarbeiten, deutlich voneinander. Beim Blick auf die Leitlinien-Sammlung des Netzwerks Bürgerbeteiligung (vgl. Kapitel 2), in der auch Potsdam aufgeführt ist, fällt auf, dass das breite Spektrum der rund 50 Kommunen, die derzeit Leitlinien, Grundsätze oder Regeln für Bürgerbeteiligung erarbeiten, deutschlandweit ungleich verteilt ist. Potsdam ist – zumindest bisher – die einzige Kommune in Brandenburg, die Leitlinien/Grundsätze entwickelt hat. Zudem ist die Stadt eine der wenigen Kommunen in Ostdeutschland, die diesen Weg einer verbindlichen Formulierung von Qualitätskriterien der Beteiligung geht.

Von einigen Kommunen werden die zumeist gemeinsam von Bürger/innen, der Verwaltung und der Kommunalpolitik erarbeiteten Grundsätze von Beginn an mit einer Reihe von konkreten Maßnahmen verbunden, die zu ihrer möglichst optimalen Realisierung geeignet erscheinen. Dies betrifft beispielsweise die konkrete Verknüpfung des Grundsatzes der Transparenz mit dem Aufbau eines Informationsangebotes, das möglichst frühzeitig und umfassend über alle in der Kommune anliegenden Planungen und Vorhaben informiert. Eine andere Maßnahme betrifft den Grundsatz der Verbindlichkeit, welcher durch verbindliche Formen einer Rückkopplung des Umgangs mit den Ergebnissen aus der Beteiligung (Rechenschaftslegung) konkretisiert wird. In anderen Kommunen dienen im Unterschied dazu die Grundsätze der Beteiligung eher als Grundlage einer gemeinsamen Haltung und werden projektspezifisch ausgelegt. Diesen Weg wählte auch Potsdam. Die Grundsätze sind eher knapp formuliert und in einem eher kurzen Papier zusammengefasst. „Obwohl dies verschiedentlich eingefordert wurde, haben wir während des Modellvorhabens bewusst darauf verzichtet, die sieben Grundsätze weiter auszuformulieren oder anderweitig „operationalisierbar" zu machen. Es hat sich gezeigt, dass dies für die Vertiefung von Beteiligung zunächst nicht notwendig war. Im Gegenteil sorgte gerade die Bündigkeit der Grundsätze dafür, dass diese in verschiedenen Kontexten wirksam werden konnten: Sie sind schnell gelesen und verstanden" (Jakobs 2016, S. 2).

Grundsätze in Potsdam – gut und richtig, aber eher Schlagworte, als verbindliche Richtschnur

Die Interviews und Gespräche zeigen, dass die Grundsätze für Bürgerbeteiligung in Potsdam grundsätzlich richtungsweisend sind für die Arbeit der WerkStadt für Beteiligung und des Beteiligungsrats. Sie bilden somit die inhaltliche Basis der Potsdamer Bürgerbeteiligung. Vor allem der Beteiligungsrat begreift sich als „Hüter" der Grundsätze und bewertet auf ihrer Grundlage die Beteiligungspraxis. Sie dienen ihm bei der Begleitung und Erörterung von Projekten und Projektaktivitäten – so die Darstellung der damit befassten Akteure – als Richtschnur. Dabei haben die Grundsätze eher einen normativen als einen handlungsanleitenden Charakter. Ihre sehr allgemeine Formulierung stellt sowohl die WerkStadt für Beteiligung als auch den Beteiligungsrat vor die Schwierigkeit, sie mit Kriterien zu unterlegen, anhand derer die Qualitäten der konkreten Beteiligungspraxis verglichen und auch bewertet werden können. Auch wenn die Grundsätze jeweils inhaltlich erläutert sind, fehlt ihre Operationalisierung, die, wie oben beschrieben, erst im weiteren Prozess erfolgen sollte. Infolgedessen konnten die Grundsätze noch nicht als Prüfstein für die Auswahl und Durchführung von Beteiligungsprojekten etabliert werden. Sie bleiben ein Appell und schwer greifbar.

Dieser Eindruck bestätigte sich in den begleitenden Interviews. Befragt nach dem Stellenwert der Grundsätze wurde dieser von engen Projektbeteiligten übereinstimmend als hoch bewertet. Etwas außerhalb stehende Beteiligte kannten zwar die Grundsätze, schätzen sie aber häufig als „Papiertiger" ein. Die Gesprächspartner/innen machten deutlich, dass die Grundsätze inhaltlich zwar als richtig und unterstützend wahrgenommen werden. Hervorgehobern wurde aber gleichzeitig, dass sie eigentlich nur Schlagworte seien, da sie bisher weder konkret definiert, noch verbindlich seien. Auffallend war dabei zudem, dass es sehr unterschiedliche Interpretationen der Inhalte und auch der Konsequenzen der Grundsätze gibt. Was beispielsweise unter Anerkennungskultur oder Gleichbehandlung verstanden wird, ist sehr vielfältig und der Begriff als solcher daher noch kein bewertbares Qualitätskriterium.

Grundsätze der Bürgerbeteiligung dienen in einigen Kommunen über ein normatives Bekenntnis zu Beteiligung hinausgehend als „Anfang für eine systematische Bürgerbeteiligung in einer Kommune" (Fuhrmann/Brunn 2016, S. 5). Grundsätze oder Leitlinien können im Erfolgsfall einen Konsens über die Ausgestaltung künftiger demokratischer Beteiligungsprozesse herstellen und so die Grundlage einer Beteiligungskultur bilden. Dieser Schritt wurde in Potsdam während der Modellphase noch nicht begangen. Dennoch bestand Einigkeit darüber, dass die Grundsätze mit Leben und Inhalt gefüllt werden sollten. Dies beinhaltet auch eine Prüfung der Operationalisierung, da manche als tautologisch und andere als illusionär bewertet werden. Befragt nach dem wichtigsten Grundsatz, der eine grundlegende Leitlinie der Potsdamer Beteiligungskultur sein könnte, fielen die Antworten ähnlich unterschiedlich aus. Daraus ablesbar sind unterschiedliche Beteiligungsverständnisse, die in der Modellphase gut nebeneinander stehen bleiben konnten. Mit Blick auf den nun anstehenden Aufbau verbindlicherer Strukturen müssten die Diskussionen um eine inhaltliche Schärfung der Grundsätze und ihre Unterlegung mit Kriterien begonnen werden. Dieser Schritt beinhaltet die Prüfung und gegebenenfalls Einführung weiterer Bausteine der Beteiligung, wie z.B. eine kommunale Beteiligungssatzung, eine Vorhabenliste oder von Initiativrechten für die Bürger/innen.

Als dritter Baustein des Modellprojekts funktionierten die Grundsätze der Beteiligung bislang eher eingeschränkt. Die Evaluation kommt daher zu dem Schluss, dass ihre Bedeutung in der bisher vorliegenden Formulierung vage bleibt. Es stimmen ihnen zwar alle beteiligten Akteure zu, sie kommen aber nicht zur Anwendung. Auch wenn sie von den Beteiligten am Modellprojekt für die Ausrichtung der Potsdamer Bürgerbeteiligung als notwendig wahrgenommen werden, konnten sie bisher nicht ausreichend operationalisiert und jenseits eines allgemeinen Bekenntnisses angewendet werden.

Wichtigste Ergebnisse:

- Die Grundsätze für Bürgerbeteiligung von Potsdam sind im regionalen und Landesvergleich eine Besonderheit.

- Kennzeichen der Grundsätze ist ihre knappe und pointierte Formulierung.

- Die Grundsätze für Bürgerbeteiligung für Potsdam sind richtungsweisend für die Arbeit der WerkStadt für Beteiligung und des Beteiligungsrats.

- Die Grundsätze konnten noch nicht als verbindlicher Prüfstein für die Auswahl und Durchführung von Beteiligungsprojekten etabliert werden. Sue wirken bisher mehr als ein Appell und sind schwer greifbar. Als drittes Standbein des Modellprojekts funktionieren Sie bislang nur eingeschränkt.

5.4.2 Empfehlungen zur Weiterentwicklung der „Grundsätze für Bürgerbeteiligung in Potsdam"

Für die Fortführung des Projekts „Strukturierte Bürgerbeteiligung in Potsdam" empfiehlt die Evaluation für den Baustein „Grundsätze für Bürgerbeteiligung in Potsdam":

- Beibehalten des Bausteins „Grundsätze der Beteiligung"

- Weiterentwicklung der abstrakten Grundsätze zu handlungsleitenden Qualitätskriterien
Die Grundsätze der Bürgerbeteiligung sollten von einem „Papiertiger" in

handlungsleitende Qualitätskriterien guter Beteiligung in Potsdam weiterentwickelt werden. Dies bedeutet, dass die einzelnen Grundsätze inhaltlich zu diskutieren, zu definieren und zu konkretisieren sind. Da es kein einheitliches Verständnis dafür gibt, was z.B. mit „Verbindlichkeit", „Aktivierung" oder „Anerkennungskultur" genau gemeint ist, sollten die einzelnen Grundsätze mit überprüfbaren Kriterien unterlegt werden.

- Operationalisierung und Standardisierung der Grundsätze in Richtung Leitlinien / Standards
  Um eine Verbindlichkeit der Grundsätze zu erreichen, die über eine grundsätzliche Zustimmung hinausgeht und die Grundsätze auch zur Richtschnur kommunalpolitischer Entscheidungsträger/innen macht, sind auf der Grundlage der Grundsätze einzelne Bausteine der Beteiligung stärker zu formalisieren und zu standardisieren. Vorgeschlagen wird die Grundsätze in Richtung Leitlinien / Standards für Bürgerbeteiligung weiterzuentwickeln.

- Ergänzung der Grundsätze um weitere Bausteine der Beteiligung
  Diese Weiterentwicklung erfordert, dass die Grundsätze / Leitlinien durch weitere inhaltliche Bausteine ergänzt werden. Hierzu zählen beispielsweise eine Beteiligungssatzung, Initiativrechte der Bürger/innen für Beteiligungsvorhaben oder eine Vorhabenliste (der geplante Beteiligungs-Atlas weist in diese Richtung). Erst durch eine auf diesem Wege erreichte Verbindlichkeit und Transparenz von Bürgerbeteiligung erhält die in Potsdam angestrebte Strukturierte Beteiligung die dafür auch notwendigen Strukturen.

- Weiterentwicklung gemeinsam mit der Stadtgesellschaft
  Die Operationalisierung der Grundsätze oder der Transfer der Grundsätze in Leitlinien sollte zunächst im Beteiligungsrat auf der Grundlage erster Vorschläge, die die WerkStadt für Beteiligung erarbeitet, vorbereitet werden. Anschließend sollten die vorgeschlagenen Formen und Wege Gegenstand der Beteiligung sein und in stadtöffentlichen Veranstaltungen sowie in Bürgergremien (unter Einbezug des Beteiligungsrats) diskutiert und weiterentwickelt werden.

6. Resümee und Ausblick

Mit dem Modellprojekt „Strukturierte Bürgerbeteiligung" ist die Landeshauptstadt Potsdam ein Wagnis eingegangen, um mehr und bessere Beteiligung auf unkonventionellen und neuen Wegen zu erreichen. Die Evaluation zeigt nicht nur, dass ein großer Schritt auf dem Weg zu mehr Beteiligung gegangen wurde. Das große Verdienst der Landeshauptstadt Potsdam liegt darin, Beteiligung nicht als eine vorübergehende Modeerscheinung oder ein Schlagzeilenthema mit mal stärkerer und mal schwächerer Konjunktur zu betrachten. Vielmehr ist Beteiligung in Potsdam zu einem kommunalen Handlungsfeld geworden, das strukturell ausgebaut und verankert sowie institutionell abgesichert wird.

Dabei hat die Verwaltung keinen einfachen Weg gewählt. Gerade die Werk-Stadt für Beteiligung, barg mit ihrer innovativen Doppelstruktur neben vielen Chancen auch Gefahren. Es war durchaus nicht sicher, dass die Zusammenarbeit zwischen Verwaltung und einem gleichberechtigten Partner von außen, der kein weisungsgebundener Dienstleister ist, gelingen würde. Auch wurde mit der Etablierung eines Beteiligungsrats, der ausdrücklich Bürger/innen einbindet, die per Zufallsauswahl rekrutiert wurden und keine alten Hasen im Beteiligungsgeschäft sind, ein Weg der Beteiligung der Stadtgesellschaft gewählt, den bislang noch nicht viele Kommunen gehen.

Die Evaluation kommt, wie die Beteiligten des Modellprojekts selbst auch, zu dem Schluss, dass das Experiment erfolgreich verlaufen und für eine Fortführung reif ist. Alle drei Bausteine des Modellprojekts haben sich als Säulen, die das Projekt tragen, bewährt. Im Laufe des Projektes ist es auf vielfältige Weise gelungen, unterschiedliche Sichtweisen auf Bürgerbeteiligung herauszuschälen und wertzuschätzen und in diesem Prozess diese Vielfalt, die auch Konflikte birgt, auszuhalten. Bürgerbeteiligung ist im Laufe dieses Prozesses nicht konfliktärmer geworden, aber es ist der Stadtverwaltung gelungen, einen Dialog mit verwaltungskritischen Gruppen zu führen und Bürgerbeteiligung zu einem – im positiven Sinne – Streitthema zu machen. Gleichzeitig haben sich Initiativen und kritische Bürger/innen auf den Weg eingelassen, mit der „Stadt" zu kommunizieren. Neue Kommunikationswege in die Verwaltung und die Stadtgesellschaft sowie zwischen Stadtverwaltung, Kommunalpolitik und Zivilgesellschaft konnten etabliert werden, Vorurteile und Blockadehaltungen beginnen zu bröckeln. Auch wenn vor allem Kommunalpolitik noch mit viel Distanz auf den modellhaften Ansatz blickte und Konsequenzen für das eigene Denken und Handeln kaum thematisierte, entwickelte sich die Beteiligungs- und Kommunikationskultur überwiegend positiv weiter. Die jeweiligen Rollen von Stadtverwaltung, Kommunalpolitik und Bürger/innen wurden intensiv reflektiert – wenn auch teilwiese erst im Ansatz – und konnten im Zuge des Zusammenspiels der Akteure zum Teil neu ausgerichtet werden. Der eingeschlagene Weg erweist sich bereits nach knapp drei Jahren als trag- und zukunftsfähig.

Dass die Modelllaufzeit so erfolgreich verlief, ist das Verdienst der beteiligten Akteure aus Stadtverwaltung, Kommunalpolitik und Zivilgesellschaft – vor allem sind hierbei die Mitglieder des Beteiligungsrats und der WerkStadt für Beteiligung hervorzuheben sowie darüber hinaus die Leitungsebene des Fachbereichs Kommunikation, Wirtschaft und Beteiligung sowie des Vorstands von mitMachen e.V. Es ist zudem aber auch das Verdienst einer Evaluation, die von Beginn an dem Projekt begleitend zur Seite gestellt wurde. Dies ist nicht selbstverständlich, denn mit dieser Form der Begleitforschung öffnet sich das Projekt. Es werden mögliche Fehler, Widersprüche und Fragen Dritten zugänglich gemacht. Auch hier ist der Mut zu einer Projektkonzeption mit einer begleitenden Evaluation zu würdigen. Die Evaluationsergebnisse wurden im Laufe der Modellphase aktiv aufgegriffen, Vorschläge der Evaluation wurden intensiv diskutiert und eigenes Handeln reflektiert. Damit wurden die Angebote der begleitenden Evaluation aufgegriffen und genutzt. Die mit der Evaluation verfolgten Zielsetzungen konnten somit erreicht werden.

Gleichwohl, und mit Blick auf die bisherige eher kurze Laufzeit des Modellprojekts wenig verwunderlich, konnten nicht alle Ziele des Modellprojekts erreicht werden. Zudem zeigen sich an verschiedenen Stellen und mit Blick auf alle drei Bausteine des Modellprojekts Nachsteuerungs- und Qualifizierungsbedarfe. Das Modellprojekt war komplex und voraussetzungsvoll. Der Aufbau und die Etablierung konnten in der knapp dreijährigen Modellphase nicht zu Ende geführt, einige notwendige strukturelle Bausteine erst angedacht werden. Alle drei Säulen müssen weiterentwickelt und auf ihre Zielerreichung und Umsetzungstauglichkeit überprüft werden. Der zukünftige Prozess und alle drei Bausteine benötigen mehr Strukturierung, Konkretisierung und Fokussierung. Hierbei sind alle drei beteiligten Akteursgruppen – Kommunalpolitik, Stadtverwaltung und Zivilgesellschaft gefordert. Eine begleitende Evaluierung/Begleitforschung sollte auch zukünftig hierbei den Raum für Reflexion und Nachsteuerung im Prozess eröffnen.

Die Potsdamer Erfahrungen mit dem Modellprojekt sind nicht nur als Lernfeld für die Potsdamer selbst und die Ausrichtung des zukünftigen Potsdamer Projekts relevant, sondern auch für andere Kommunen richtungsweisend, die Bürgerbeteiligung strukturell ausbauen und verankern wollen. Mit Blick auf die Etablierung von Bürgerbeteiligung – auch in anderen Kommunen - lässt sich aus den Potsdamer Erfahrungen daher Folgendes schlussfolgern:

- Von Potsdam lässt sich lernen, was den Mut und die Experimentierfreudigkeit der Verwaltung in Sachen Bürgerbeteiligung betrifft. Scheitern von Beginn an als Option im Blick zu haben, aber alles daran zu setzen, sich für den Erfolg einzusetzen, sind gute Zutaten für eine gelingende kommunale Bürgerbeteiligung. Gleichwohl gibt es für die Strukturierung von Bürgerbeteiligung kein fertiges Rezept und keine für alle Kommunen in gleicher Weise geltende Regel. Der jeweils richtige Weg muss vor Ort gemeinsam gesucht und begangen werden. Dies ist ein Lernprozess, der Erfolge und Misserfolge umfasst und aus dem alle dann einen Gewinn ziehen, wenn sie bereit sind zu lernen, andere Perspektiven anzuhören und zu berücksichtigen und aufgrund neuer gemeinsamer Sichtweisen Nachsteuerungen zulassen.

- Bürgerbeteiligung benötigt gleichermaßen Freiräume und Regeln. Spielräume, die flexibles und spontanes Vorgehen ermöglichen, sind ebenso vorzusehen wie Standards und Formalisierungen, die einen höheren Grad an Verbindlichkeit bieten und damit auch die (Kommunal-)Politik binden.

- Bürgerbeteiligung ist ein Prozess, der die Bürger/innen wertschätzen sollte. Der Vielfalt der Bürger/innen, auch in ihrer Art und Weise, sich besser oder schlechter artikulieren zu können, ist hierbei Raum zu geben. Der Trialog ist keine Struktur, die einfach funktioniert, sondern er muss gelebt werden. Auch er benötigt Regeln und Unterstützung (z.B. durch begleitende Moderationen und Mediationen). Trialog ist nicht per se eine für alle Akteure gleichberechtigte und gleichermaßen gut zugängliche Form der Kommunikation, sondern er bildet Machtverhältnisse und Ungleichheiten ab, die bedacht werden müssen und mit denen sensibel umzugehen ist.

- Zudem richtet sich Beteiligung häufig an organisierte Gruppen (Bürgerinitiativen, Verbänden) und spricht seltener die an, die bislang eher wenig Erfahrung mit Beteiligungsprozessen haben. Die Einbindung und das Zusammenspiel mit Personen, die sich ehrenamtlich engagieren und bislang nicht in Gruppen und Initiativen organisiert sind, ist eine Herausforderung, dem stärkere Berücksichtigung, auch in der Forschung, gebührt.

- Bürgerbeteiligung ist ein Prozess, der sich nicht nur an Bürger/innen richtet, sondern auch für Verwaltung und (Kommunal-)Politik ein Handlungs- und Lernfeld darstellt. Die einzelnen Akteursgruppen sind dabei differenziert in den Blick zu nehmen und ihre Zusammenarbeit ist zu gestalten. Es zeichnet sich, nicht nur in Potsdam, sondern in vielen anderen Kommunen ab, dass die Kommunalpolitik in Sachen Beteiligung bisher häufig nicht im Boot sitzt. Sie ist stärker als bislang in die Prozesse zu integrieren ist (vgl. Bock et al. 2012).

- Begleitende Evaluierungen bieten den notwendigen Raum für Reflektion und Verständigung. Sie geben Anstöße, um während des laufenden Prozesses Schwierigkeiten besser erkennen und ggf. nachsteuern zu können. Evaluationen sollten deshalb als Bestandteil einer Beteiligungskultur mitgedacht und konzipiert werden.

Literatur

- Beckmann, Klaus J., Stephanie Bock, Detlef Landua und Bettina Reimann (2013): Auf dem Weg, nicht am Ziel. Aktuelle Formen der Bürgerbeteiligung – Ergebnisse einer Kommunalbefragung des Deutschen Instituts für Urbanistik. In: Umweltbundesamt (Hrsg.): Themenheft Bürgerbeteiligung im Umwelt- und Gesundheitsschutz. Positionen – Perspektiven – Handlungsfelder. UMID, H.2, S. 21-27.
- Behringer, Jeannette (2002): Legitimität durch Verfahren?: Bedingungen semi-konventioneller Partizipation: eine qualitativ-empirische Studie am Beispiel von Fokusgruppen zum Thema »Lokaler Klimaschutz«, Regensburg.
- Bertelsmann Stiftung (Hrsg.) (2011): Umfrage: Bürger wollen sich an Politik beteiligen. Bertelsmann Stiftung macht sich stark für Bürgerbeteiligung. Pressemitteilung, 20.03.2011, Gütersloh http://www.bertelsmann-stiftung.de/de/presse/pressemitteilungen/pressemitteilung/pid/umfrage-buerger-wollen-sich-an-politik-beteiligen/ (Abruf 19.10.2016)
- Bertelsmann Stiftung (Hrsg.) (2008a): Mehr Partizipation wagen. Handlungsempfehlungen für Kommunen, Gütersloh, https://www.wegweiser-kommune.de/documents/10184/28627/HE_Partizipation_wagen_Roth.pdf/d5c00775-7448-419d-821b-3cb847ac3f50 (Abruf 19.10.2016)
- Bertelsmann Stiftung (Hrsg.) (2008b): Mitwirkung (er)leben – Handbuch zur Durchführung von Beteiligungsprojekten mit Kindern und Jugendlichen, Gütersloh.
- Bock, Stephanie, Bettina Reimann und Klaus J. Beckmann (2013): Auf dem Weg zu einer kommunalen Beteiligungskultur: Bausteine, Merkposten und Prüffragen. Anregungen für Kommunalverwaltungen und kommunale Politik, Berlin.
- Bock, Stephanie und Klaus J. Beckmann. (2012): Kommunale Beteiligungskulturen: Unverzichtbare Bausteine einer anpassungsfähigen Stadt, In: Beckmann, Klaus J. (Hrsg.): Jetzt auch noch resilient? Anforderungen an die Krisenfestigkeit der Städte. Difu-Sonderveröffentlichung, Berlin.
- Deutsches Institut für Urbanistik (Hrsg.) (2007): Evaluierung der Partizipation im Rahmen der BerlinerQuartiersverfahren. Gutachten unter besonderer Berücksichtigung der Aktivierung von Berlinerinnen und Berlinern mit migrantischer Herkunft, Berlin, http://www.stadtentwicklung.berlin.de/wohnen/quartiersmanagement/de/evaluation/download/bericht_evaluierung_partizipation.pdf.
- Deutsches Institut für Urbanistik (Hrsg.) (2003): Soziale Stadt, Info 14: Aktivierung und Beteiligung. Ein Blick in sieben europäische Länder, Berlin, http://www.sozialestadt.de/veroeffentlichungen/newsletter/.
- Deutsches Institut für Urbanistik (Hrsg.) (2002): Soziale Stadt, Info 7: Aktivierung und Beteiligung, Berlin,
- http://www.sozialestadt.de/veroeffentlichungen/newsletter/aktivierung-und-beteiligung.shtml.
- Fuhrmann, Raban Daniel und Moritz Johannes Brunn (2016): Lernende Beteiligungskommunen: Wie gelingt die Realisierung von Leitlinien zur Bürgerbeteiligung? Aktueller Stand, Vergleiche und Erfolgsfaktoren, in Netzwerk Bürgerbeteiligung 02/2016 vom 15.07.2016 (http://www.netzwerk-buergerbeteiligung.de/fileadmin/Inhalte/PDF-Dokumente/newsletter_beitraege/2_2016/nbb_beitrag_fuhrmann_brunn_160715.pdf (Abruf am 29.8.2016)

- Geis, Anna (2005): Regieren mit Mediation: Das Beteiligungsverfahren zur zukünftigen Entwicklung des Frankfurter Flughafens (Vol. 6), Wiesbaden.
- Glaab, Manuela (Hg.) (2016): Politik mit Bürgern - Politik für Bürger. Praxis und Perspektiven einer neuen Beteiligungskultur, Wiesbaden.
- Heidelberg (Hg.) (2014): Evaluationsbericht zu den Leitlinien für mitgestaltende Bürgerbeteiligung in der Stadt Heidelberg, Heidelberg.
- Jakobs, Jann (2016): Strukturierte Bürgerbeteiligung in Potsdam. Erfahrungen und Ausblick, in: DEMO (Nr. 04), Sonderausgabe Oktober 2016, S. 12-14.
- Jakobs, Jann (2013): Mehr Beteiligung wagen!, in: Jakobs, Jann; Kleger, Heinz (Hrsg.): Auf dem Weg zu einer strukturierten Bürgerbeteiligung. Die Entwicklung des Potsdamer Modellprojektes „Strukturierte Bürgerbeteiligung" 2011-2013, Potsdam.
- Jetschmanegg, Dieter (2013): Auf dem Weg zu einer strukturierten Bürgerbeteiligung – der Beteiligungsprozess 2011 – 2013, in: Jakobs, Jann; Kleger, Heinz (Hg.): Auf dem Weg zu einer strukturierten Bürgerbeteiligung. Die Entwicklung des Potsdamer Modellprojekts „Strukturierte Bürgerbeteiligung" 2011-2013; Potsdam, S. 11 – 15.
- Klages, Helmut (2015): Systematische Bürgerbeteiligung – Was heißt das? Und: Welche Voraussetzungen sind dafür zu erfüllen? Von den Anfängen und ihren Problemen zur Gegenwart in: Netzwerk Bürgerbeteiligung 04/2015 vom 14.12.2015,
- (http://www.netzwerk-buergerbeteiligung.de/fileadmin/Inhalte/PDF-Dokumente/ newsletter_beitraege/4_2015/nbb_beitrag_klages_151214.pdf, (Abruf am 29.8.2016).
- Komrey, Helmut (2001): Evaluation – ein vielschichtiges Konzept. Begriff und Methodik von Evaluierung und Evaluationsforschung. Empfehlungen für die Praxis, Sozialwissenschaften und Berufspraxis 24 (2), S. 105 – 132.
- Kubicek, Herbert, Barbara Lippa und Alexander Koop (2011): Erfolgreich beteiligt? Nutzen und Erfolgsfaktoren internetgestützter Bürgerbeteiligung. Eine empirische Analyse von 12 Fallbeispielen, Gütersloh.
- Kuhlmann, Stefan, und Susanne Bührer (2000): Erfolgskontrolle und Lernmedium: Evaluation von Forschungs- und Innovationspolitik, in: Vierteljahreshefte zur Wirtschaftsforschung. Vol. 69, 3, Berlin, S. 379-394.
- Kuklinski, Oliver (2013): Plädoyer für kooperative Evaluation, in: pnd/ online 2/ 2013.
- Landeshauptstadt Potsdam, mitMachen e.V. (Hg.) (2015): Modellprojekt "Strukturierte Bürgerbeteiligung" - 1. Jahresbericht (2014)
- (https://buergerbeteiligung.potsdam.de/content/modellprojekt-strukturierte-buergerbeteiligung-1-jahresbericht-2014)
- Landeshauptstadt Potsdam (Hg.) (2013): Das Modellprojekt: „Büro für Bürgerbeteiligung". Materialordner, Potsdam.
- Landeshauptstadt Potsdam (Hg.) (2011): Zusammenfassung der Ergebnisse der Open-Space-Konferenz „Bürgerbeteiligung in Potsdam" am 29. Oktober 2011 im Bürgerhaus am Schlaatz. Potsdam.
- Leggewie, Claus, Kamlage, Jan-Hendrik (2012): Anwendung von Methoden und Prozessen zur partizipativen Bürgerbeteiligung bei ökologisch relevanten Investitionsentscheidungen – Fallbeispiel: Straßentunnelfilter. Kurztitel: Tunneldialog Schwäbisch Gmünd. (http://www.schwaebisch-gmuend.de/brcms/ pdf/Endbericht_Tunneldialog_final_smal.pdf: Zugriff am 25.8.)
- Netzwerk Bürgerbeteiligung: Qualitätskriterien Bürgerbeteiligung" im Netzwerk Bürgerbeteiligung – 10 Anforderungen an eine gute Bürgerbeteiligung,

- (http://www.netzwerk-buergerbeteiligung.de/fileadmin/Inhalte/PDF-Dokumente/ nwbb_qualitaetskriterien_ueberarbeitete_fassung_130222.pdf, (Abruf am 25.8.2016).
- Ortweil, Wolfgang (2001): Planungszellen - Bürgergutachten »Neuss-Innenstadt 2010« Kommunikation und Beteiligung bei Verkehrsprojekten: Beschleunigung oder Behinderung? Fachkongress, 28. und 29. September 2000 in Wuppertal, DVWG, Bergisch Gladbach, S. 168-183.
- Range Julia, und Thorsten Faas (2016): Politische Kultur, Bürgerbeteiligung und wissenschaftliche Evaluation, in: Glaab, Manuela (Hg.) (2016): Politik mit Bürgern - Politik für Bürger. Praxis und Perspektiven einer neuen Beteiligungskultur, Wiesbaden, S. 111-129.
- Reimann, Bettina (2012): Kommunale Beteiligungskultur als Baustein für eine verbindliche Bürgerbeteiligung. Konsequenzen für die lernende Verwaltung. In: eNewsletter Netzwerk Bürgerbeteiligung 4/2012 vom 12.12.2012.
- Ritzi Claudia, und Gary S. Schaal (2011): Wie Bürgerbeteiligung besser gelingt, in: Forum Wohnen und Stadtentwicklung, 2/2011.
- Roth, Roland (2016): Qualität von Beteiligungsprozessen. Überlegungen und Produktideen für den Arbeitskreis „Qualität" der Allianz für Vielfältige Demokratie" (unveröff. Ms).
- Selle, Klaus (2013): Mitwirkung mit Wirkung? Anmerkungen zum Stand der Forschung über planungsbezogene Kommunikation und das, was von ihr bleibt, in: pnd online 2-3, S. 1–19.
- Selle, Klaus (2007) : Stadtentwicklung und Bürgerbeteiligung – Auf dem Weg zu einer kommunikativen Planungskultur? Alltägliche Probleme, neue Herausforderungen, in: Informationen zur Raumentwicklung Heft 1.
- Senatsverwaltung für Stadtentwicklung Berlin (Hrsg.) (2012): Handbuch zur Partizipation, 2. Aufl., Berlin, http://www.stadtentwicklung.berlin.de/soziale_stadt/ partizipation/de/handbuch.shtml.
- Stadt Filderstadt (o.J.): BürgerInnenbeteiligung in Filderstadt. Handlungsempfehlungen für die Verwaltung,Filderstadt, http://www.filderstadt.de/ servlet/PB/show/1202600/BF%20Handbuch%20fr%20Brgerbeteiligung%20in%20 Filderstadt.pdf.
- Stadt Regensburg (o.J.): Leitfaden des Planungs- und Baureferates der Stadt Regensburg zur Durchführung von Bürgerinformationsveranstaltungen und Bürgerbeteiligungsverfahren, www.regensburg.de/sixcms/media.php/121/ buergerbeteiligung_leitfaden.pdf.
- Stiftung Mitarbeit (2016): Kartenansicht der "Leitlinienkommunen", http://www. netzwerk-buergerbeteiligung.de/kommunale-beteiligungspolitik-gestalten/ kommunale-leitlinien-buergerbeteiligung/sammlung-kommunale-leitlinien/karte-leitlinienkommunen/
- Stockmann, Reinhard (2000): Evaluation in Deutschland, in: Stockmann, Reinhard; (Hg.): Evaluationsforschung. Opladen, S. 11 - 40
- Wiesemann, Paula (2016): Mitmachstadt Herten – Erste Erfahrungen mit institutionalisierter Bürgerbeteiligung, in Netzwerk Bürgerbeteiligung 02/2016 vom 15.07.2016 (http://www.netzwerk-buergerbeteiligung.de/fileadmin/Inhalte/PDF-Dokumente/newsletter_beitraege/2_2016/nbb_beitrag_wiesemann_160715.pdf, (Abruf am 29.8.2016).
- Wollmann, Hellmut (2000): Evaluierung und Evaluierungsforschung von Verwaltungspolitik und -modernisierung – zwischen Analysepotenzial und -defizit, in: Stockmann, Reinhard (Hrsg.), Evaluationsforschung, Opladen, S. 195 – 231.

Band 1

Auf dem Weg zu einer strukturierten Bürgerbeteiligung

Die Entwicklung des Potsdamer Modellprojektes „Strukturierte Bürgerbeteiligung" 2011-2013

Jann Jakobs, Heinz Kleger (Hrsg.), Band 1: Auf dem Weg zu einer strukturierten Bürgerbeteiligung: Die Entwicklung des Potsdamer Modellprojektes „Strukturierte Bürgerbeteiligung" 2011 bis 2013, Potsdam, 2013, ISBN 978-3-732-28483-2, 4,50 Euro

Band 1 der Schriftenreihe thematisiert den Weg zu einer strukturierten Bürgerbeteiligung in der Landeshauptstadt Potsdam. Der von 2011-2013 stattgefundene Beteiligungsprozess unter Einbeziehung von Bürgerschaft, Stadtverwaltung und Stadtpolitik ebnete den Weg hin zu einem deutschlandweit einzigartigen neuen Beteiligungsmodell. Die Autoren beschreiben den Prozess ausgehend von der ersten Vorlage über einen umfassenden Beteiligungsansatz bis hin zu den gemeinsam vereinbarten Bestandteilen des neuen Modellprojekts (Büro für Bürgerbeteiligung, Beteiligungsrat und Grundsätze der Bürgerbeteiligung).

Band 2

Ein Blick zurück, ein Schritt nach vorn

Der Start des Potsdamer Modellprojekts Büro für Bürgerbeteiligung

Jann Jakobs, Heinz Kleger (Hrsg.), Band 2: Ein Blick zurück, ein Schritt nach vorn: Der Start des Potsdamer Modellprojekts Büro für Bürgerbeteilung, Potsdam, 2014, ISBN 978-3-735-75667-1, 7,50 Euro.

Band 2 der Schriftenreihe befasst sich mit dem Modellprojekt Büro für Bürgerbeteiligung, mit dem die Landeshauptstadt Potsdam seit 2013 einen neuen Weg zu einer strukturierten Bürgerbeteiligung eingeschlagen hat. In einem Rückblick werden aus Sicht der am Entstehungsprozess zwischen 2011 und 2013 beteiligten Akteure exemplarisch verschiedene Perspektiven beleuchtet und die ganz persönlichen Beweggründe für die Mitarbeit aufgezeigt. In einem daran anschließenden Ausblick werden die Funktion, die Arbeitsweise, die Zielstellung sowie die Personen hinter dem neuen Büro für Bürgerbeteiligung vorgestellt. Neben dem Büro für Bürgerbeteiligung ist der Beteiligungsrat die zweite Säule des Beteiligungsmodells, dessen Arbeit und erste Erfahrungen ebenso erläutert werden.

Band 3

Bürgerbeteiligung zwischen Regierungskunst und Basisaktivierung

Ergebnisse eines Forschungsseminars

Jann Jakobs, Heinz Kleger (Hrsg.), Band 3: Bürgerbeteiligung zwischen Regierungskunst und Basisaktivierung: Ergebnisse eines Forschungsseminars, Potsdam, 2015, ISBN 978-3-738-61326-1, 11 Euro

Obwohl viele Praxisbeispiele aus der Region Berlin-Brandenburg stammen, sind die Beiträge dieses Bandes nicht darauf fixiert. Die prominentesten und schwierigsten Beispiele aus Deutschland – Stuttgart 21 und die Endlagersuche für Atommüll – werden ebenso behandelt. Immer geht es sowohl um Top down wie Bottom up-Verfahren. Zudem werden generelle Probleme wie die digitale Demokratie als neue Machtform oder die Probleme der Legitimität und sozialen Selektivität nichtformalisierter Beteiligungsverfahren thematisiert. Der gegenwärtige Boom der Bürgerbeteiligung bietet vielfältigen Anlass über demokratische Regierungskunst eingehender nachzudenken. Dazu will der vorliegende Band beitragen.

Professor Dr. Heinz Kleger lehrt Politische Theorie an der Universität Potsdam, er ist Mitglied im Beteiligungsrat und im Lenkungsgremium „Leitbildprozess 2025" der Landeshauptstadt Potsdam.